“立德树人”思想指导下的OBPP译析实践

纪沅坤　著

山东大学出版社
SHANDONG UNIVERSITY PRESS
·济南·

图书在版编目(CIP)数据

“立德树人”思想指导下的OBPP译析实践/纪沅坤著.—济南:山东大学出版社,2021.9
ISBN 978-7-5607-7133-5

Ⅰ.①立… Ⅱ.①纪… Ⅲ.①校园—暴力行为—预防—研究 Ⅳ.①G474

中国版本图书馆CIP数据核字(2021)第186664号

策划编辑 张铭芳
责任编辑 张铭芳
封面设计 杜 婕

出版发行 山东大学出版社
社 址 山东省济南市山大南路20号
邮政编码 250100
发行热线 (0531)88363008
经 销 新华书店
印 刷 济南华林彩印有限公司
规 格 880毫米×1230毫米 1/32
9.375印张 201千字
版 次 2021年9月第1版
印 次 2021年9月第1次印刷
定 价 59.00元

序

校园欺凌属于故意对他人造成伤害的攻击性行为，多发于青少年群体中。无论对于欺凌者还是受欺者，校园欺凌对青少年的成长均可能造成长期的消极影响。因此，探寻积极有效的校园欺凌预防与干预模式有其必要性与迫切性。大量实践证明，基于“全校参与”的综合性欺凌防治模式在应对校园欺凌方面通常更为全面且长效，能够从全员、全程、全方位对校园欺凌问题加以有效干预与预防。奥维斯校园欺凌预防与干预计划（Olweus Bullying Prevention Program，OBPP）是创建时间最早、有效数据最丰富、实施范围最广的综合性校园欺凌防治模式之一。OBPP 以生态系统理论为基础，以群体社会化理论与理性行为理论为辅佐，从学校、班级、个人、社区多层面同时着手，通过全校、全员、全面参与共同应对欺凌，并在长期的国际推广实践中取得较为显著的成效。

2021 年 7 月 1 日，在中国共产党建党一百周年之际，在一望无垠的黄海之滨，我欣喜地看到了纪沅坤博士散发着油墨香气的校园欺凌防治佳作。认真阅读后掩卷深思，深感沅坤博士多年来孜孜以求于校园欺凌研究领域，艰难潜心耕耘后终于迎来了开花结果。沅坤博士视野开阔、学风扎实、治学严谨，博士研究期间，选择校园欺凌防治作为研究方向，坚持历史与逻辑相统一的研究理念，既有实证研究又有质的分析。作为她读博时参与的问题青少年教育矫正管理项目的学科带头人，我感觉由她完成的这样一部校园欺凌著作，值得同行一阅。

本书结合 OBPP 国际经验，对该模式进行本土化改良，将以生态系统理论为基础、改善校园氛围为主旨的 OBPP 与中国文化中的“立德树人”相结合，以植根于中国传统文化的积极心理健康教育(PMHE)为引导，以向内培养积极健康心理，向外营造和谐友爱校园氛围的“内预外防”为根本策略，通过“四位五全”联动机制，建构基于本土情境，较为系统全面、注重实效的校园欺凌预防与干预模型 PBPP(OBPP 与 PMHE 合称)，以应对中国校园欺凌现实问题。在研究路径中，采用文献法、比较研究法以及调查法等研究方法，通过文献剖析、国际比较、模式验证、本土化建构等基本研究路线对 OBPP 的国际经验与本土化深入研究，为应对当前校园欺凌提供可借鉴的防治模式。

首先，聚焦当前我国校园欺凌预防与干预中存在的实然问题。我国目前校园欺凌的预防虽已有国家政策支持，但操作性较弱。在强调家庭教育与法制教育的同时，缺乏教育内容的规范化与评估体系的标准化以及家庭规范教育与学校法制教育之间的有机联结，使得校园欺凌预防工作难以取得较好效果。在校园欺凌干预方面，我国已印发指导意见与治理方案，且配备翔实的奖惩办法，然而在实施中却对校园欺凌的情节缺乏统一化的判定标准，对欺凌者的干预依赖于学校已有校规校纪，对严重欺凌行为的惩治缺乏力度。本书从我国现有校园欺凌防治问题出发，希冀引入国外先进校园欺凌防治模式，结合我国文化中的"立德树人"，以积极心理健康教育理论为落脚点，创建适合本土的新型校园欺凌防治模式。

其次，深度剖析 OBPP 的理论体系与效度验证。OBPP 源于挪威，基于生态系统理论创立，将学校视为一个生态系统，将欺凌视为学校整体氛围出现缺陷所引发的问题，是以"全校、全员、全面"为宗旨，通过发动学校管理者、教师、家长、学生等多方合作达到校园欺凌的有效预防与干预的综合性校园欺凌防治模式。后为适应美国学校与社区的紧密联结，将 OBPP 实施措施从原有的学校、班级、个人层面拓展为学校、班级、个人、社区层面，以突出家长、社区以及校警联合在校园欺凌防治中的积极作用。本书在阐释OBPP特征的基础上，通过国外实施数据分析，对其进行有效性检验，为探求适宜中国的校园欺凌防治模式提供国际视野，为OBPP本土化改良铺平道路。

再次，探讨OBPP本土化之PBPP建构。第一，本书从理论适切性上论证OBPP与本土文化及理论的相融性。在理论同构方面，OBPP从全体着眼、全面提高校园欺凌相关各方对欺凌的认知与应对的能力，契合“立德树人”中端正自身心态、提高自我修为的理念。在问题同域方面，OBPP与积极心理健康教育共同聚焦中学生群体的问题思想预防与欺凌行为干预。在趋势相合方面，OBPP本土化建构之PBPP适应中国校园欺凌防治的顶层设计之需。在方法同功方面，无论是OBPP的三位一体模式还是积极心理健康教育理论的三全宗旨，均强调学生、家长、教师等相关群体的广泛参与，其目的殊途同归，皆是全员、全面防治欺凌。PBPP将OBPP与积极心理健康教育的特征加以拓展，形成“四位五全”联动机制。第二，本书从知识层面、情感层面、意识层面、行为层面阐释PBPP形塑目标。第三，本书从四个角度阐析PBPP特征，其一为重构校园氛围，创设和谐生态；其二为强调全校参与，形成反欺凌共同体；其三为秉持生态理念，注重“家校警区”四位联动；其四为内外兼修，以全员、全面、全体、全过程、全方位为五全宗旨，从知、情、意、行、体五个方面培养积极品格。此为 PBPP 之“四位五全”联动机制。第四，从学校、班级、个人、社区层面阐明 PBPP 之实施维度。第五，从制度、人力、物质三个方面阐述 PBPP 之保障机制。

最后，开展 PBPP 的有效性验证。此次验证选取在校初中生与高中生为研究对象，结合问卷与访谈两种研究工具，分四个阶段展开。第一阶段为实施前测，通过大规模问卷调研与针对性访谈了解试验学校校园欺凌的基本情况，为 PBPP 实施提供基准值与重点防治目标。第二阶段为 PBPP 实施一期，关注全员校园欺凌常识的普及以及全校欺凌环境改造。第三阶段为 PBPP 实施二期，专注校园欺凌应对与干预技能指导以及全方位积极健康心理培养。第四阶段为实施后测，评测 PBPP 实施一学年后试验学校欺凌问题的改善情况。研究结果显示，试验学校在欺凌率、受欺率等方面均有显著改善，证实 PBPP 校园欺凌防治的有效性。

总体而言，PBPP 以“内预外防”为根本，结合“家校警区”形成校园欺凌防护网，建立“四位五全”联动机制，从学校、班级、个人、社区多维度开展校园欺凌防治，在试验期内完成降低试验学校初中生与高中生欺凌发生率的目标，并获得参与人员的积极评价，达到校园欺凌早期预防与后期干预的目的，是值得在中国学校中推广的校园欺凌防治模式。

苏春景*

2021 年 8 月

* 苏春景，烟台理工学院副校长，鲁东大学博士生导师、二级教授，享受国务院政府特殊津贴专家，中国预防青少年犯罪研究会常务理事、山东省预防青少年犯罪研究会副会长。

目　录

第一章 问题提出与架构

一、研究背景与回顾

“攻击”一词最早来源于希腊语“aggressio”，意为进攻。其最初使用可以追溯到1611年，用以描述没有受到挑衅即实施的进攻行为。1908年，奥地利精神病学家阿德勒（Alfred Adler）首次定义了“攻击”的内部动因。1912年，心理学家弗洛伊德首次将“攻击”用于心理学研究。20世纪30年代，“攻击”开始代替笼统的“愤怒”概念，被运用于儿童心理的研究中。

在儿童群体中，由于群体同化作用与群体异化作用，群体成员间会出现攻击性互动行为。在青少年时期，攻击行为是一种正常的儿童互动形式。社交能力强的儿童在与同伴的互动中会经常出现攻击性行为。青少年男孩与同伴的攻击性互动行为是建立新关系的一种方式。儿童有时会通过攻击性互动在同伴群体中建立与维持自身的等级地位。朋友间玩笑式的攻击性互动通常被称为“打闹”,朋友间打闹行为的主要目的是娱乐及加强友谊。言语及肢体性的攻击为主要的打闹表现形式。

欺凌亦属于一种攻击性行为。欺凌的攻击性行为构成与“打闹”类似,然而欺凌又是一种特殊的同伴攻击性互动行为,其与打闹行为的明显区别在于,欺凌的目的为伤害、操纵以及控制他人。瑞典学者奥维斯(Dan Olweus)于 1999 年较完整地定义了欺凌的三个重要特征:发生的重复性、行为的伤害性以及力量的非衡性。因此,欺凌虽然属于儿童间的一种攻击性行为,但却不是正常的儿童互动方式,而是故意对他人造成伤害的攻击性行为。不仅如此,欺凌行为是在体力或心理上处于强势的个体在较长时间内反复地对处于弱势而无法有效反击或自卫的受欺者实施的攻击性行为。不仅如此,多数欺凌行为是在没有预先受到挑衅的情况下依然实施的攻击性行为。由此可以看出,在儿童的互动行为中,欺凌是一种表征特殊且意图恶劣的攻击性行为。

虽然欺凌的定义在 20 世纪 90 年代才得以完善,然而欺凌现象的存在却远远早于这一时期。20 世纪 60 年代即有学者发现在中学生中存在“中学困境”,即部分中学女生将“受欢迎”作为超越学习成就的“最高目标”,并愿意通过操纵他人(欺凌)来实现这一目标。甚至有学者断言,有学校的地方就有欺凌。但是直到 20 世纪 70 年代末,校园欺凌对儿童造成的危害才逐渐引发关注。1983 年,挪威三位正值青春期的男孩由于不堪忍受同伴长期的欺凌而自杀。美国联邦情报局对1974～2000年发生的校园枪击案的调查显示，案件的行凶者中有71%的人曾长期遭受校园欺凌的困扰。2017年11月，中央电视台对“校园欺凌”进行专题报道。在网络曝光的校园欺凌事件视频中，校园欺凌的行为恶性程度逐渐加重，语言辱骂、扇耳光、脚踢等恶性攻击性行为成为主要的欺凌形式，并且在欺凌的结果中，将受害人打倒在地的占25.45%，致受害人出血甚至昏迷的比例为1.82%。而在欺凌事件的处理中，教师只批评了事，或者根本不管的比例却超过半数，高达55.36%。在对欺凌发生率的调查中，有学者统计发现，在我国中小学中，最少遭受过一次校园欺凌的学生数量超过总数的一半，甚至四分之三。对不同地区欺凌率的调查数据亦证实，遭受欺凌的学生数约为30%～40%，而实施欺凌的学生数在10%左右。[①] 因此，在校园欺凌问题日益严峻、大众对欺凌关注度逐渐提高的背景下，对行之有效的校园欺凌防治模式的研究更加迫在眉睫。

二、研究现状与困境

对欺凌的研究最早始于斯堪的纳维亚半岛，后在欧美国家得到进一步发展。中国对校园欺凌问题的研究开始于2000年

① 王东海：《我国校园欺凌的情境预防》，《青少年犯罪问题》2018年第2期。

前后，彼时对校园欺凌的研究更多地集中于对国外经验的介绍。2015 年后，中国学界对欺凌的研究增长迅猛，这与媒体的曝光与大众的关注不无关系。在研究校园欺凌的文献中，研究从单一视角治理校园欺凌的文献较多，研究多层次多角度综合性欺凌治理模式的文献较少。在中国知网以"欺凌"(包括校园欺凌和网络欺凌)作为主题进行文献检索，并手工筛检结果，然后通过 CITESPACE 可视化软件分析得出，2000 年到2020 年所有研究"欺凌"的中文文献共 4870 篇。而发表于 2015 年及以后的文献为 4591 篇。以"校园欺凌"为主题，检索到中文文献 3917 篇，其中发表于 2015 年及以后的文献为 3833 篇(见图 1.1)。

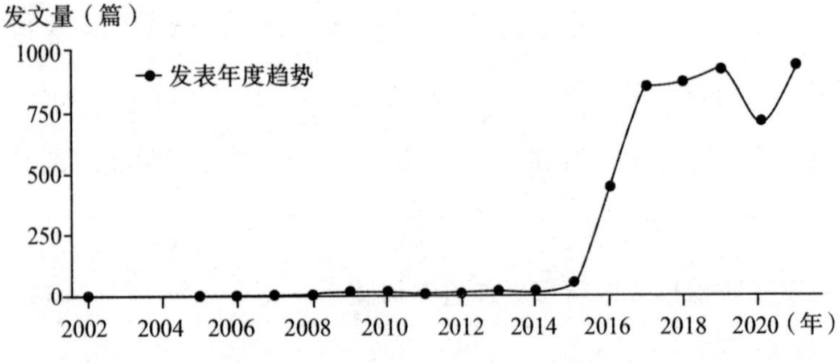

图 1.1 中国知网相关文献发表年度趋势可视化图谱

由图 1.1 可以推断，中国学界对欺凌的研究大致开始于 2010 年，学界对校园欺凌真正开始密集关注是在 2015 年以后。在中国知网检索到的文献中，以国外欺凌现象为研究主体的文献约占总量的 1/5。在英文文献权威网站"Web of Science"以校园欺凌为主题，检索到发表于2000～2020年间研究校园欺凌的英文文献是中国相关文献发表量的3倍，并且从20世纪80年代已有相关文献发表。由此可以认为，国外学者对校园欺凌的研究开始得更早，研究成果更加丰富。对国外校园欺凌研究的理析可以推论出该研究领域的理论基础与研究前沿，对中国校园欺凌的理论研究具有重要的借鉴意义，对中国校园欺凌的实践研究亦具有指导价值。

（一）国外研究概述

运用CITESPACE可视化分析软件对校园欺凌英文文献作出可视化分析，可得出在此研究领域的重要关键词，如高共被引作者、高产研究作者、主要研究机构等，通过进一步分析发生率等手段，推断校园欺凌的重要诱因、风险因素、主要群体、预防措施等，通过对文献“半衰期”的分析，判断出该领域的理论架构与研究趋势，为中国校园欺凌相关研究的发展提供支撑。

1.研究方法与数据整理

在WOS网站中，以“school violen＊”或“school bully＊”为关键词检索，搜索时间区间在2000年到2020年间、语言为英文的文献，共收录在此20年间发表的校园欺凌的英文文献12010篇。将检索出的文献以保存为其他文件格式的形式导出，每个页面显示500条记录，每条记录内容为全记录与引用的文献参考，文件格式为纯文本。建立一个名称为校园欺凌文献研究的新项目，将每一年设定为一个时间单位,通过 CITESPACE 可视化研究分析软件分别从"关键词""作者""共被引"以及"机构"四个方面对 2000～2020 年的研究文献进行分析,并将结果以表格方式导出加以整理。

2.研究文献关键词分析

通过 CITESPACE 可视化软件对 WOS 网站导出的数据进行分析,将关键词作为中心点,出现频次越高的关键词,其字体越大,将阈值设定为 80,形成可视化分析图谱。为读者更加直观地了解数据以及便于分析,选取出现频次 80 次以上的关键词,形成表 1.1。

表 1.1　出现频次在 80 次以上的关键词

词频	关键词	词频	关键词	词频	关键词	词频	关键词
1689	欺凌	409	学生	263	风险因素	165	观念
1055	受害	405	健康	253	骚扰	157	元分析
1050	青少年	395	抑郁症	233	性别差异	150	青春期早期
879	儿童	387	青春期	232	加害者	137	模型
857	行为	357	干预	218	工作	128	自尊
728	学校	330	童年	211	经验	120	工作场所
719	攻击	326	风险	210	网络欺凌	112	观点
696	同伴欺凌	311	心理健康	197	压力	102	同伴
519	普遍性	300	关联	195	社会适应	101	态度
494	受害者	295	中学	186	药物滥用	91	高中生
494	暴力	294	调整	181	影响	84	问卷
457	青年	282	性别	176	预防	82	参与

关键词体现文章的核心内容，对关键词的统计反映出学界对问题的关注点，关键词出现频率越高，研究文献的关注度越高。经过统计，在2000～2020年收录的12010篇研究校园欺凌的英文文献中，共出现关键词84个。这些关键词大致可归为四个类别：校园欺凌风险因素、校园欺凌风险群体、校园欺凌危害、校园欺凌预防。研究校园欺凌的成因类关键词包括“童年”“同伴”“药物滥用”。研究校园欺凌的人群类关键词包括“中学生”“高中生”“青少年”。研究校园欺凌的危害类关键词包括“暴力”“心理健康”“抑郁”。研究校园欺凌的预防类关键词包括“预防”“问卷”“榜样”。

在CITESPACE可视化软件生成图谱中，中心性代表词频发生率，中心性越高，词频的发生率越高。将中心性大于0.05的关键词排序，整理为表1.2。

表1.2　中心性大于0.05的高频关键词

中心性	关键词	中心性	关键词	中心性	关键词
0.27	欺凌	0.15	攻击	0.07	风险
0.17	受害	0.13	同伴欺凌	0.06	性别
0.22	普遍性	0.10	网络欺凌	0.06	行为
0.16	青少年	0.08	青年	0.06	骚扰

从表1.1、1.2中可以看出，除去出现频率最高的关键词“欺凌”外，“受害”成为出现频率第二高的关键词，在所有检索文献中出现1055次，但与之相对的关键词“攻击”的出现频率仅为

719 次，体现出在国外校园欺凌的研究中，更关注受欺者这一人群。国外学界的这一关注不是没有根据的。多年的研究显示，美国校园受欺者的数量远大于欺凌者。在中小学生中，受欺者的数量占 10%～30%，而欺凌者的数量占 7%～15%。如果将调研的时间间距延长至整个中小学时期，那遭受一次以上欺凌的受欺者人数占比高达 75%。除了受欺者人数众多外，美国学界对这一群体的关注也侧面反映出学者更多地选择从受欺者视角对校园欺凌事件进行预防与干预。对受欺成因、受欺预防、受欺者帮扶等方面的着重研讨，体现出学界以受欺者为切入点分析与解决欺凌问题的倾向。

在风险群体研究中，“青少年”作为关键词出现 1050 次，另一研究对象“儿童”出现频率 879 次。由此可以看出，青少年及儿童是国外校园欺凌的主要研究对象，而青少年远高于儿童的出现频率也体现出学界对青少年更强的关注度。学界对青少年群体研究较多，除了因为这一群体本来处于青春期这一高危年龄阶段外，研究亦证实，儿童早期对欺凌概念存在理解模糊。由于较小儿童（4～7 岁）的社会认知能力仍处于发展阶段，在这一群体中还没有明确的校园欺凌者与受欺者的概念，对受害与加害关系的辨识较困难。由于认知水平的限制，在较小儿童间发生的欺凌行为较少。到了童年中后期（8～10 岁），儿童可以明确何为攻击性行为，然而在区别攻击性行为与欺凌行为方面仍存在一定困难。而青少年群体（14 岁及以上）对欺凌行为已存在较稳定且准确的认知，其认知水平的成熟导致欺凌行为的多样性及频发性。

在青少年群体中，“学生”“初中生”“高中生”作为高频关键词的出现，反映出国外的校园欺凌研究更关注中学生群体。多项试验数据也显示，在中学阶段发生的欺凌更易造成长期的不良影响。英国学者史密斯（P. K. Smith）在对中学及小学阶段的受欺者与欺凌者的对比中发现：小学阶段的儿童更加反对欺凌行为，更倾向于反抗欺凌者，而中学阶段的青少年对欺凌行为的态度趋向积极，对受欺者排斥现象加重。这一现象导致受欺者更难从欺凌行为中摆脱出来，由此造成的抑郁、自尊低下等心理问题有可能伴随其进入成年期。

史密斯教授对这一现象进行了多方面的剖析，并将其原因主要归结为学生中的同伴等级结构。史密斯教授认为对欺凌最直白的定义是一种循环往复的有意的对权力的滥用，这种行为通常发生在一个有鲜明等级结构的稳定的社会组织之中，学校就是其一。鉴于欺凌行为的本质是追求权力和控制，在等级鲜明的社会群体中，欺凌者更易发现和接近等级较低或较弱小的个体，而这些个体也更难寻求同伴的帮助，使他们处于更加劣势的地位。[①]

在小学时期，儿童间的关系大多处于简单的二元结构，同伴

① P. K. Smith, et al., *School Bullying: Insights and Perspectives*, London: Routledge, 1994.

关系以平等为主。在同伴间出现力量不对等时，小学时期的儿童更倾向于进行反击或者脱离此关系。因此这一时期的受欺者遭受欺凌的时长相对较短，可以较快地从欺凌关系中摆脱出来。儿童对欺凌行为以及欺凌者持更加消极的态度，欺凌者更易受到同伴排斥。然而从小学高年级开始，男孩间开始出现权力控制倾向，等级建构的基本元素开始生成。到儿童后期至青春期早期，即初中阶段，同伴等级结构渐趋形成。

中学时期的青少年将小学时期的权力对等理念转变为权力非衡理念，使得同伴等级结构逐渐鲜明。这种环境导致欺凌者更易发掘等级较低、较弱小的个体进行欺凌，这些受欺者所处的等级使他们更可能受到同伴排斥，进而在欺凌中得不到同伴支持，使其更难摆脱欺凌困境，长期处于被欺凌的状况之中。因此，中学时期的受欺者遭受欺凌的时期更长。欺凌更易对受欺者造成长期的消极影响。

中学生群体在欺凌现象中的高关注度也来源于这一时期青少年“排斥”对象的转变。“排斥”一般指同伴间对攻击、破坏、自私等行为的消极反应。此类行为在儿童中的出现一般被认为是早期社会化的标志。在小学时期，欺凌者更易成为被排斥的对象，受欺者与其他儿童受排斥的概率几乎相当。但是在中学时期，受欺者则更容易被同伴排斥。德国学者克拉普曼(L. Krappmann)认为，这一现象的出现是由于在小学时期，儿童间等级架构松散，同伴间关系相对平等，欺凌者难以发掘长期处于低下地位的个体进行欺凌，因此欺凌者倾向于在欺凌某一受欺者一段时间后转向另一受欺者，欺凌者加害范围广泛，容易引起更多同伴的不满而成为排挤的对象。然而到中学时期，青少年对欺凌行为的态度变得复杂，虽然他们也排斥欺凌者，但随着年龄的增长，青少年对欺凌行为的态度更为复杂。在中学时期，没有被欺凌的纯粹欺凌者的社会认知水平高于同龄人。他们对同伴等级结构中等级较低的个体的欺凌行为难以在同伴中引起强烈的反击或不满，使得欺凌者遭受挫败或受到排挤的概率下降。而中学时期受欺者的境遇则截然相反。同龄人对受欺者不再一致同情，这种转变形成一种校园氛围，继而引发群体效应，即当同伴中的相当一部分对某一个体持消极态度时，这一个体通过改变自身行为来改变同伴态度的可能性会大幅下降，换言之，在这种校园氛围中，受欺者难以通过改变行为来改变自身不良处境；加之受欺者的同伴等级较低，一旦遭受欺凌，便很难从中摆脱。[①]

在校园欺凌风险因素方面，“童年”“童年早期”“经历”“影响”等高频词汇体现出成长经历在国外校园欺凌成因研究中的高关注度。研究亦进一步证实，在儿童的成长过程中，家庭因素从基因和环境两方面对儿童施加作用，影响其后期成为欺凌者或受欺者。在欺凌等反社会攻击性行为的形成中，基因影响占40%～50%，普遍环境影响占20%，独立环境影响占30%。多

① L. Krappmann, *The Reproduction of the System of Social Inequality in the World of Children*, Frankfurt: Suhrkamp, 1999.

项纵向研究显示，在欺凌加害儿童的家庭环境中，父母普遍过分控制，缺少关爱，对儿童认知发展缺少激励，情感上缺乏支持，对儿童观看电视缺乏管制。在少数成为"欺受皆有者"的男孩案例中，家庭环境的恶劣程度更甚，儿童在童年早期就目睹或遭受暴力。在基因因素方面，反复参与欺凌的青少年共情力低且不择手段，在艾森克人格量表测试中被判定存在一定程度的精神疾患。而在对受欺者的研究中，基因因素的影响尚不明确，但此类儿童的父母往往存在由焦虑引发的过分控制，使儿童在家庭环境中成为受欺者，进而增加了其成为受欺者的概率。此时，儿童所处的消极家庭环境以及遗传基因都成为影响受欺儿童的隐性因子。

在校园欺凌的风险因素研究中，"性别"也是高频关键词之一。早期研究证实，虽然同一年龄段的男女学生对欺凌理解能力相当，然而在欺凌者与受欺者比例及欺凌表现方式上存在显著差异。欺凌者以及欺受皆有者中男性的比例明显高于女性。而在受欺者中，男女性别的比例并没有显著差异。在表现方式上，男性欺凌者的行为更加具有外显性和攻击性，更多地使用肢体欺凌；而女性欺凌者的行为更内隐且更偏重使用社交欺凌。在受欺者选择上，女性欺凌者更多选择同性欺凌，而男性欺凌者在选择欺凌对象时两性可能性几乎相当，同性略高于异性。男女两性在欺凌研究中的差异性以及由此引发的欺凌干预措施的不同使得性别成为国外校园欺凌研究的重要考量因素。

在校园欺凌预防研究方面，除去同为文献检索词的“学校”外，“参与”“预防”“榜样”也是研究者关注的重点，体现出国外校园欺凌研究重视在学校层面的预防中学校各方对校园欺凌的态度。

根据理性行为理论，个体在特定环境下的行为会受到其他个体对该环境应有行为的观点影响，换言之，当青少年身处学校中，校园氛围会通过教师及同伴对青少年的行为产生影响。而研究显示，同伴、教师和父母三个影响青少年发展的关键群体对校园欺凌的态度能够促使或抑制青少年欺凌行为的发生。因此，当学校的氛围抵制欺凌并倡导给予受欺者帮扶时，这一观点会在教师与同伴的影响下作为常态在青少年中产生压力，在这样的环境中，欺凌发生的概率就会相应降低。反之，当校园氛围忽视欺凌及受欺者帮扶，欺凌行为的发生率就会升高。因此，诸多学校层面的校园欺凌预防项目提及校园氛围的作用，试图通过为欺凌者营造积极同伴氛围来引导欺凌者减少欺凌行为并取得了一定成效。

然而调查显示，虽然绝大多数教师和三分之一的家长对欺凌都持明确的反对态度，但是却有半数以上的青少年认为他们的朋友希望他们支持欺凌者或者在欺凌发生时袖手旁观。因此，学校可以营造反欺凌氛围，通过积极与同伴探讨欺凌的危害、为受欺者提供帮扶以及展示旁观者在欺凌发生时应有的表现等多种方式，加之教师侧面引导与家长校外支持，达到预防欺凌的目的。

在有关国外校园欺凌危害研究的关键词中，“健康”“心理健康”“抑郁”“心理社会适应”“自尊”“暴力”等词的高频出现，体现出国外校园欺凌研究关注校园欺凌现象对参与者造成的长期消极影响，具有一定的前瞻性。美国《犯罪行为与心理健康》特刊进行的大规模数据搜集证实欺凌者在成年后的犯罪率远高出普通青少年，他们在成年后犯罪的概率几乎是普通青少年的两倍。奥维斯调研显示，13～16岁的欺凌者在16～24岁时就被控有罪的概率是36%，而同期的普通青少年的概率为10%，换言之，欺凌者成年初期即被控有罪的概率是普通青少年的三倍。而长期欺凌使得受欺者出现低自尊、焦虑、身体患疾等消极反应。不仅如此，越来越多研究证实欺凌是青少年自杀的原因之一。美国疾病控制与预防中心数据显示，超过14%的青少年考虑过自杀，7%尝试过自杀。耶鲁大学数据显示，受欺者考虑自杀的比例是普通青少年的2～9倍，10～14岁女孩自杀的风险度最高，其原因中近半数与欺凌相关。无论对于欺凌者还是受欺者，欺凌对青少年造成的影响都具有消极性与长期性。

对国外文献中校园欺凌关键词的研究不仅揭示了国际上该领域的研究趋势，更为中国校园欺凌问题的预防与干预提供了重要线索。

3.研究文献共被引作者分析

对文献共被引作者的分析可以回溯出国际学界对校园欺凌的研究历史。高共被引作者的研究方向体现出校园欺凌研究的发展态势。高共被引作者的主要观点亦可被认为是校园欺凌研究学界的主流观点。利用 CITESPACE 软件得出研究文献共被引作者可视化图谱,被引次数越高,作者在本领域的公认度越高;中心率越高,其研究领域与检索相关度越高。将图谱所得数据导出为表格,列出被引次数与中心率均较高的作者共九位,见表 1.3。

表 1.3 所列为在国外校园欺凌方面研究成果被学界普遍认可的九位作者。其中奥维斯教授定义了欺凌的三个特征:发生的重复性、行为的伤害性以及力量的非衡性。芬兰比约克维斯特(K. Björkqvist)教授通过对男女攻击性行为方式的对比试验,验证了女生的直接攻击行为虽少于男生,但存在更多的间接攻击行为,这一研究将欺凌行为的范围从最初的肢体、语言欺凌限制扩展到社交欺凌。[①] 英国史密斯教授对电信欺凌的四种形式(短信、邮件、电话、照片/影像)进行了系统的研究,并将其与传统欺凌方式进行了对比。电信欺凌作为校园欺凌的一种新型衍生物,因其更多地发生于校外,且具有不易被学校教师及相关管理人士发现的隐蔽性,某种程度上更具伤害性。美国国立卫生研究院南泽(T. R. Nansel)博士致力于校园欺凌与儿童心理社会适应的研究,证实参与欺凌者(加害者、受害者)比普通同龄

① K. Björkqvist, "Bullies and Victims: Their Ego Picture, Idealego Picture and Normative Ego Picture", *Scandinavian Journal of Psychology*, 23(1), 1982, pp. 307-313.

人更易出现健康及心理问题，他们的社会适应能力也更差。①

表 1.3　高共被引作者(中心率降序排序)

作者	中心率	被引次数
比约克维斯特 K. Björkqvist	0. 43	238
奥维斯 D. Olweus	0. 40	1751
佩莱格里尼 A. D. Pellegrini	0. 35	462
科瑞克 N. R. Crick	0. 22	571
史密斯 P. K. Smith	0. 13	763
南泽 T. R. Nansel	0. 12	932
萨尔米瓦利 C. Salmivalli	0. 11	776
瑞格比 K. Rigby	0. 10	799
朱弗能 J. Juvonen	0. 08	627

4.高产研究作者发文量分析

利用 CITESPACE 软件对固定时间区间内发文量高的作

① T. R. Nansel, "Cross-national Consistency in the Relationship between Bullying Behaviors and Psychosocial Adjustment", *Archives of Pediatrics & Adolescent Medicine*, 158(8), 2004, pp.730-736.

者进行分析，可以判断出该时间段学界关注的研究问题。因此，通过对 2000～2020 年高产研究作者的分析，可以推断出目前国外校园欺凌研究的高峰时期以及研究趋势，将图谱数据导出为表格，列出在 2000～2020 年间发文量在 10 篇以上的高产研究作者(见表 1.4)。

表 1.4　发文量 10 篇以上的高产作者

作者	量(篇)	作者	量(篇)	作者	量(篇)	作者	量(篇)
埃斯皮莱奇 Espelage	51	阿森诺特 T. L. Arseneault	24	克莱格 W. Craig	15	康奈尔 D. Cornell	11
萨尔米瓦利 C. Salmivalli	51	霍格 A. Hogh	23	瓦兰古 T. Vaillancourt	15	范德博斯 H. Vandebosch	11
埃纳森 S. Einarsen	50	克劳斯 D. Cross	20	史密斯 P. K. Smith	14	波佐利 Pozzoli	11
沃克 D. Wolke	35	芬克霍尔 D. Finkelhor	19	法灵顿 D. Farrington	13	汉森 A. M. Hansen	11
布拉德肖 C. P. Bradshaw	32	鲍曼 Bauman	17	罗斯 C. A. Rose	13	尼尔森 M. B. Nielsen	11
吉尼 G. Gini	28	德维特 DeWitte	15	宏 J. S. Hong	12	皮哈 J. Piha	10
温斯特拉 R. Veenstra	27	拜连 Baillien	15	莱雷亚 S. T. Lereya	12	海梅尔 Hymel	10

在 2000～2020 年间发表校园欺凌相关研究文献的作者中，发文量在 10 篇以上的有 28 位。将共被引作者与高产研究作者取交集，得出高产研究作者 10 位。其中，美国伊利诺伊大学的埃斯皮莱奇教授在此领域发表文献 51 篇，对校园欺凌有持续性

研究且取得公认成果。[①] 芬兰萨尔米瓦利教授从20世纪90年代起持续关注并致力于研究校园欺凌中在场同龄人反应对欺凌事件的影响，他将欺凌过程中除欺凌者与受欺者外的其他在场同龄人分为四类：加害协助者、起哄助威者、冷静旁观者以及受害维护者[②]，并进一步在试验中证明，当在场同龄人的反应倾向于受欺者时，有助于欺凌事件的快速结束。反之，当在场同龄人反应倾向于欺凌者时，欺凌的发生会更加频繁。对研究文献共被引作者与高产作者的分析与对比可以基本勾勒出国外校园欺凌研究领域的理论构建与研究趋势。

5.共被引研究文献分析

利用CITESPACE软件对WOS网站检索到的2000～2020年时间区间内的校园欺凌研究文献进行分析得出可视化图谱，并整理为表1.5。在图谱呈现的共被引文献中，将被引次数在100次以上的文献的作者加以整理，被多次引用的研究文献在校园欺凌研究领域具有较高的理论与应用价值。

---

① D. L. Espelage, et al., *Bullying in American Schools: A Social-ecological Perspective on Prevention and Intervention*, NJ: Lawrence Erlbaum Associates, 2004.

② C. Salmivalli, et al., "Bullying as a Group Process: Participant Roles and Their Relations to Social Status within the Group", *Aggressive Behavior*, 22(16), 2010, pp.1-15.

表 1.5 共被引 100 次以上研究文献的作者

研究文献作者	被引次数	研究文献作者	被引次数	研究文献作者	被引次数	研究文献作者	被引次数
史密斯，2008 P. K. Smith	295	阿森诺特，2010 L. Arseneaul	169	埃纳森，2011 S. Einarsen	129	克莱格，2009 W. Craig	110
埃斯皮莱奇，2003 D. Espelage	261	南泽，2001 T. R. Nansel	158	瑞杰斯，2010 A. Reijntjes	127	萨尔柏林，2003 M. E. Solberg	110
托菲，2012 T. Tofi	190	斯隆，2008 R. Slonje	156	科隆玫克，2007 A. B. Klomek	126	何度加，2010 S. Hinduja	105
库克，2010 C. R. Cook	182	吉尼，2009 G. Gini	141	南泽，2004 T. R. Nansel	122	斯维尔，2010 S. M. Swearer	104
图库那加，2010 R. S. Tokunaga	178	图库那加，2009 R. S. Tokunaga	139	阿森诺特，2006 L. Arseneault	117	何度加，2008 S. Hinduja	102
萨尔米瓦利，2010 C. Salmivalli	175	拉斯克斯卡斯，2007 J. Raskauskas	132	弗里曼，2007 R. C. Vreeman	113	苏兰德，2007 A. Sourander	101
玫睿，2008 K. W. Merrrell	170	朱弗能，2008 J. Juvonen	131	库威斯基，2007 R. M. Kowalski	112	施耐德，2012 S. K. Schneider	101

表 1.5 中被引次数排名第一的史密斯教授的文献《欺凌的定义：从年龄与经历理解欺凌的含义》(Definitions of Bullying: Age Differences in Understanding of the Term, and the Role of Experience)解析了英国学界从年龄与经历出发形成的欺凌定义。南泽教授在《儿童研究》(*The Journal of Early Adolescence*)上发表的《欺凌者、受欺者与欺受皆有者：不同的高危青少年群体》(Bullies, Victims, and Bully/Victims: Distinct Groups of At-risk Youth)一文中，对校园欺凌进行了精确的主体厘定，为欺凌行为的精准预防与干预提供了前期保障。芬兰图尔库大学萨尔米瓦利教授专注研究欺凌中旁观者角色的影响，并在《欺凌与同伴群体》(Bullying and the Peer Group: A Review)一文中对旁观者行为进行分类释析。托菲教授与法灵顿教授合著的《通过纵向研究分析欺凌预防中的风险与保护因素》(Risk and Protective Factors, Longitudinal Research, and Bullying Prevention)专注导致校园欺凌发生的风险因素研究，通过规避风险达到预防欺凌行为的目的。[①] 吉尼博士发表的《从大数据分析欺凌对青少年心身发展的危害》(Association between Bullying and Psychosomatic Problems: A Meta-analysis)，通过对 7～16 岁的青少年进行试验研究，得出欺凌参与者比普通同龄人

① M. M. Ttofi, et al., “Risk and Protective Factors, Longitudinal Research, and Bullying Prevention”, *New Directions for Youth Development*, 133(1), 2012, pp. 85-98.

更易出现身心疾病的结论，鉴于欺凌现象的国际共通性，他将欺凌从校园问题上升为公共健康问题。①

6.研究机构分析

在 CITESPACE 软件中选择研究机构分析，形成时间区间在 2000～2020 年间的高产研究机构的可视化图谱，将其中发文量超过 30 篇的机构整理至表 1.6。

研究机构与研究作者密切相关，研究机构发文量高显示出该机构中致力于校园欺凌的研究者众多。研究机构的发文量更侧面体现出该机构学者在本领域的科研活跃度及认可度。伊利诺伊大学是发文量第一的研究机构，也是发文量最高的学者埃斯皮莱奇教授所在研究机构。对高产研究机构的研究实际上也是对该机构研究人员在相关领域取得成就的研究。例如，以社会生态学为框架，系统地对美国学校中校园欺凌现象进行阐述的《美国的校园欺凌》(*Bullying in American Schools*)一书，正是由以埃斯皮莱奇教授为主的三位伊利诺伊大学教授与表 1.6 所列发文量较高的明尼苏达大学、亚利桑那州立大学、新罕布什尔大学、哥伦比亚大学以及美国疾病控制与预防中心的学者联合编著。②

---

① G. Gini, et al., "Association between Bullying and Psychosomatic Problems: A Meta-analysis", *Pediatrics*, 123(3), 2009, pp.1059-1065.

② D. L. Espelage, et al., *Bullying in American Schools: A Social-ecological Perspective on Prevention and Intervention*, NJ: Lawrence Erlbaum Associates, 2004.

表 1.6 发文量 30 篇以上的研究机构

研究机构	发文量（篇）	研究机构	发文量（篇）	研究机构	发文量（篇）	研究机构	发文量（篇）
伊利诺伊大学	105	华盛顿大学	61	明尼苏达大学	40	耶鲁大学	33
卑尔根大学	76	多伦多大学	60	伦敦大学学院	39	宾夕法尼亚州立大学	33
图尔库大学	73	北卡罗来纳大学	55	英属哥伦比亚大学	38	新罕布什尔大学	33
伦敦国王学院	73	华威大学	49	弗吉尼亚大学	38	密苏里大学	32
哈佛大学	71	哥伦比亚大学	46	美国疾病控制与预防中心	37	伊迪丝科文大学	32
格罗宁根大学	65	加州大学洛杉矶分校	45	帕多瓦大学	36	哥本哈根大学	31
亚利桑那州立大学	63	墨尔本大学	44	亚利桑那大学	34	赫尔辛基大学	30

7.结论与不足

通过 CITESPACE 软件对 WOS 网站在 2000～2020 年间检索到的校园欺凌相关英文研究文献进行统计和可视化分析可以得出下列结论。

通过对高频关键词的分析得出，国外校园欺凌研究对象更注重青少年，研究年龄段更注重中学时期。在传统的校园欺凌干预研究方面，学者更关注高危群体的欺凌预防及对受欺者的帮扶。在校园欺凌对参与者(包括加害者、受害者、旁观者)造成的短期以及长期的影响，即校园欺凌的危害研究方面，有学者证实了欺凌者成年后的犯罪率远高于普通青少年，并且因欺凌现象对参与者身心产生深刻影响，将其从校园问题上升为公共健康问题。除了传统的校园欺凌危害及干预研究，相当数量的学者正在关注欺凌的成因以及由此推衍出的欺凌预防机制的研究。从高频关键词中可以看出，“童年经历”“同伴影响”均被证实为重要的欺凌形成因素，“校园问卷”成为学者常用的调研手段，并成为学者制定各类校园欺凌预防措施的依据之一。

对高产研究作者和共被引作者的研究分析可以找出在本领域活跃度、认可度高的学者，奥维斯教授为最先给予欺凌特征定义的学者，比约克维斯特教授将欺凌的形式从“直接攻击”扩展到包含“间接攻击”。此类学者的研究在校园欺凌研究领域得到广泛认可。埃斯皮莱奇教授在检索时间区间内出版欺凌相关书籍 51 部，在校园欺凌研究领域有较高活跃度。此外，对检索到的文献进一步研究发现，作者合著文献较多，独立发表文献较少，这也体现出国外校园欺凌研究的多维性和合作化。

在研究机构中，高等院校，尤其是综合类高等院校是文献发表的主要机构。这一研究结果体现出高校科研人员对校园欺凌现象的高关注度。除高校外，美国疾病控制与预防中心作为高产研究机构的出现，体现出国外校园欺凌研究的实践性与应用性。不仅如此，在检索到的文献中，多研究机构合著的情况较多，体现出本领域研究机构的多元合作。

运用CITESPACE可视化软件对研究校园欺凌的英文文献进行分析还处于尝试阶段。由于样本巨大，虽然多次设定检索要素，仍然不能完全排除无效检索数据的出现。首先，因为图谱列表空间局限，无法将共被引文献篇名列出，仅出现作者与年份，为搜检具体文献增加了难度。其次，因英文中“bullying”（欺凌）也包括成人间的欺凌行为，为保证检索准确度，采用“school bullying”（校园欺凌）一词，但也可能因此导致小部分电信欺凌研究文献未被包含在检索结果中，致使数据有少量偏差。因此，要进行更加详尽和完善的研究，还需要多次逐条筛选研究结果。

（二）国内研究概述

本书的国内研究概述主要从校园欺凌的词源分析、校园欺凌的概念演变、校园欺凌的主体厘定以及我国校园欺凌的防治实践四个维度展开，主要反映我国目前在校园欺凌领域的研究进展与现实情况，为 OBPP 的本土化奠定基础。

在中文文献最大收录网站——中国知网中，以“校园欺凌”或“网络欺凌”为主题词，检索 2000 年到 2020 年间所有相关中文文献，并手动检索结果，去除无关文献，将此 20 年间发表的中文文献通过 CITESPACE 文献计量软件导出。

从研究文献的关键词可以看出 21 世纪以来中国学界对校园欺凌研究的关注重点，在 2000～2020 年收录的研究校园欺凌的中文文献中，共出现关键词 219 个，分布于校园欺凌的诸多研究方向，但是出现 3 次以上的关键词仅有 24 个，将其整理为表 1.7。

表 1.7 出现频次在 3 次以上的关键词

词频	关键词	词频	关键词	词频	关键词	词频	关键词
89	校园欺凌	9	专项治理	4	社会环境	3	法治教育
42	网络欺凌	8	教育督导	4	应对策略	3	欺凌行为
18	校园暴力	7	大学生	4	未成年人犯罪	3	未成年人
15	青少年	6	中学生	4	欺凌者	3	青少年犯罪
10	法制教育	6	中小学	3	问卷调查	3	中等职业学校
10	家庭教育	4	传统欺凌	3	初中生	3	施暴者

1.国内校园欺凌的词源分析

表 1.7 数据显示，排名前列的关键词中，“校园欺凌”“网络欺凌”“传统欺凌”“校园暴力”均为欺凌的不同表述，剩余的高频

关键词可大致归为“风险群体”与“干预措施”两类。“风险群体”类关键词包括“青少年”“大学生”“中学生”“中小学”“初中生”“未成年人”“中等职业学校”等，覆盖了从儿童到青年的所有年龄阶段。“干预措施”类关键词包括“法制教育”“家庭教育”“专项治理”“教育督导”“应对策略”“问卷调查”“法治教育”等，呈现出中国的校园欺凌研究通过“法”与“教”相结合的手段治理欺凌的特点。对中国知网校园欺凌中文文献关键词的理析，可以得出中国研究者主要关注对欺凌群体与欺凌干预的研究，而对欺凌干预关键词进一步分析可以得出，中国欺凌干预研究主要集中于对欺凌加害者的干预。从关键词中的同类词“欺凌者”“施暴者”“未成年人犯罪”“青少年犯罪”的多次出现可以推出这一点。而受欺者未在高频关键词中出现，这一点与国外欺凌研究存在较大差异。在国外文献分析中，受欺者出现的频次为欺凌者的两倍，是第二高频关键词。国内外欺凌研究视角的不同，也反映在欺凌干预的措施中，国外欺凌的防治兼顾了受欺者帮扶与欺凌者干预，而国内欺凌的防治更倾向于通过教惩欺凌者来解决欺凌问题。

2.国内校园欺凌的概念演变

中国学界对欺凌行为的称谓并不统一，除校园欺凌外，还有“欺负”“欺侮”“校园霸凌”“学生欺凌”“校园暴力”等众多描述欺凌行为的名词。对于不同的称谓，研究者给予的定义也不尽相同。张文新教授在早期对“欺负”的研究中，采用了奥维斯教授的表述，将“欺负”定义为：“当一个儿童在一段时间内重复遭受来自另一个或多个儿童的消极行为时，这个儿童就是在受欺负。”[①]姚建龙教授在《校园暴力：一个概念的界定》一文中的“校园暴力”定义为：“发生在中小学幼儿园及其合理辐射地域，学生、教师或校外侵入人员故意侵害师生人身以及学校和师生财产，破坏学校教学管理秩序的行为。”[②]2016年，国务院首次将校园欺凌定义为：发生在学生之间的，以肢体、语言与网络为主要形式的，恶意或蓄意实施的，欺负、侮辱他人，对其造成伤害的行为，具体表现包括扇耳光、揪头发等。从校园欺凌的定义中可以看出，中国本土的校园欺凌定义均对欺凌的“施”“受”双方以及欺凌形式进行限定，规定校园欺凌的行为主体为学生，欺凌形式主要为身体欺凌、言语欺凌、电信欺凌等具有明确外显特征的行为，并在具体举例中突出直接身体欺凌行为。从不同研究者对欺凌的描述中可以看出，中国本土的欺凌行为定义着重强调了“行为的伤害性”这一特征。与国外研究者强调的“欺凌”三大特征相比，中国本土的欺凌定义少有涉及“发生的重复性与力量的非衡性”两大特征，体现出国内外对欺凌行为定义的明显差异。

3.国内校园欺凌的主体厘定

在中国知网以“校园欺凌”为主题词检索21世纪以来(2000～

① 张文新：《中小学生的欺负问题与干预》，山东人民出版社2006年版，第36页。

② 姚建龙：《超越刑事司法》，法律出版社2009年版，第104页。

2020年)发表相关中文文献的高产研究机构,可以得出研究机构对相关研究问题的关注程度。在校园欺凌研究领域,发文量较高的研究机构包括背景青少年法律援助与研究中心、中国青少年研究中心、北京青少年法律与心理咨询服务中心、上海市法学会未成年人法研究会、《中国青年社会科学》编辑部、中国人民公安大学犯罪学学院等。上述研究机构发文量较高因其对校园欺凌问题关注度较高,结合关键词图谱中的高频关键词“青少年”“大学生”“中学生”“中小学”“初中生”“未成年人”“中等职业学校”,可以推断中国校园欺凌研究的主体几乎覆盖了从儿童到青年的所有年龄阶段。在对中国的“欺凌风险群体”研究中,张文新教授的调研结果显示,从小学到初中,学生遭受欺负的比例逐步下降,由25.1%降至10.4%;而欺负他人的比例波动较小,由小学的4.4%～7.7%小幅下降至初中的2.1%～3.1%。从这一数据结果来看,小学生“欺负”者的比例高于初中生。2009年,对中国18个城市的中学生进行的欺侮行为调查显示,欺侮行为随着年龄增长而减少。[①] 以上研究结果与国外研究存在一定差异。国外多项研究显示,相较于青少年,儿童间的欺凌发生率偏低:由于较小的儿童(4～7岁)的社会认知能力仍处于发展阶段,对欺凌行为理解仍然模糊,没有明确的校园欺凌受害者与加害者的概念,对受害与加害的关系辨识困难。认知水平限制

① 孟万金:《积极心理健康教育在中国》,教育科学出版社2017年版,第202页。

使较小儿童间发生的欺凌行为较少。相反，青少年群体（14 岁及以上）对欺凌行为已存在较稳定且准确的认知，试验亦证实青少年阶段的欺凌行为具有多样性及频发性的特点。

国内与国外研究主体厘定的差异可能源于对欺凌认知的差异。中国对校园欺凌大规模的研究起步较晚，大约开始于 2010 年以后，在早期的调研中，受测儿童对欺凌问题可能存在辨识模糊问题，将同伴冲突与欺凌混淆。此外，在我国主流的欺凌定义中，没有强调力量非衡性与行为重复性两个欺凌辨识特征，可能导致儿童将偶发的同伴争执归为欺凌行为，出现小学阶段欺凌数据较高的结果。

4.国内校园欺凌的防治实践

在中国知网用 CITESPACE 软件以“校园欺凌预防”与“校园欺凌干预”为主题词检索 21 世纪以来相关中文文献发表量多的高产作者，得出在校园欺凌的预防与干预研究中，发文量较高的作者包括：姚建龙，上海政法学院刑事司法学院院长、上海市法学会未成年人法研究会会长；孙云晓，中国青少年研究中心研究院家庭教育首席专家；边玉芳，北京师范大学心理健康与教育研究所所长；佟丽华，北京青少年法律援助与研究中心主任等。结合上述高产作者单位与高频关键词“法制教育”“法治教育”“家庭教育”“专项治理”“教育督导”分析，能够看出学界的研究侧重点集中于法治与教育两个方面，依靠普及法律知识预防校园欺凌、制定法律规章干预校园欺凌、运用法律手段惩治欺凌问题的倾向较为显著。

鉴于校园欺凌发生的主要场域为校园内，主体人群为学生，主要表现为意图伤害的行为。在缺乏校园欺凌专项立法的现实情况下，我国校园欺凌预防领域的法治与教育开展主要基于已颁布的校园安全相关法律法规。

《中华人民共和国教育法》第四条规定：“全社会应当关心和支持教育事业的发展。”《中华人民共和国教育法》第四十五条规定：“应当依法为儿童、少年、青年学生的身心健康成长创造良好的社会环境。”《中华人民共和国义务教育法》第五条规定：“社会组织和个人应当为适龄儿童、少年接受义务教育创造良好的环境。”《中华人民共和国未成年人保护法》第二十二条规定：“学校、幼儿园、托儿所应当建立安全制度，加强对未成年人的安全教育，采取措施保障未成年人的人身安全。”

《中华人民共和国教育法》第七十二条规定：“结伙斗殴、寻衅滋事，扰乱学校及其他教育机构教育教学秩序或者破坏校舍、场地及其他财产的，由公安机关给予治安管理处罚；构成犯罪的，依法追究刑事责任。”《中华人民共和国民法通则》第十二条与第十六条规定：“未满十周岁的无民事行为能力未成年人，以及已满十周岁未满十八周岁的限制民事行为能力人，对他人造成损害的，由监护人承担民事责任。”《中华人民共和国刑法》第十七条规定：“已满十四周岁不满十六周岁的人犯罪，应当从轻或者减轻处罚。因不满十六周岁不予刑事处罚的，责令其监护人严加管教；在必要的时候，也可以由政府收容教养，已满十六周岁不满十八周岁的未成年人应从轻量刑。”

鉴于频发的恶性校园欺凌事件引起社会普遍关注，在缺乏校园欺凌防治指导性政策的情况下，国家部委从2016年起先后印发多项校园欺凌治理方案与指导意见。

2016年5月，国务院教育督导委员会办公室印发《关于开展校园欺凌专项治理的通知》（下文统称“国教督办函〔2016〕22号文件”），要求“对校园欺凌开展专项治理，加强法制教育，严肃校规校纪，规范学生行为，促进学生身心健康，建设平安校园、和谐校园”。2016年11月，教育部、中央综治办、最高人民法院、最高人民检察院等九部门联合印发《关于防治中小学生欺凌和暴力的指导意见》（下文统称“教基〔2016〕6号文件”）强调，“积极预防、依法严厉惩治学生欺凌和暴力，各部门通力合作形成合力。”2017年12月，教育部等部门印发《加强中小学生欺凌综合治理方案》（下文统称“教督〔2017〕10号文件”），要求指导学校切实加强教育，开展家长培训，严格学校日常管理，严格规范调查处理。各地各有关部门要逐步建立具有长效性、稳定性和约束力的防治学生欺凌工作机制。

2020年10月17日，第十三届全国人民代表大会常务委员会第二十二次会议第二次修订的《中华人民共和国未成年人保护法》定于2021年6月1日起施行。修订后的《中华人民共和国未成年人保护法》专设《学校保护》一章，其中第三十九条明确规定，学校应当建立学生欺凌防控工作制度，对教职员工、学生开展防治学生欺凌的教育和培训。关于《网络保护》一章的第七十七条明确规定，任何组织或者个人不得通过网络以文字、图片、音视频等形式，对未成年人实施侮辱、诽谤、威胁或者恶意损害形象等网络欺凌行为。

对于情节恶劣，对受欺者造成严重心理或身体伤害的校园欺凌行为，我国在惩治政策方面的基本依据是《中华人民共和国教育法》与《中华人民共和国刑法》。

由于校园欺凌多发于中小学时期的青少年间，因此参与校园欺凌的群体一般是十周岁到十八周岁之间的未成年人。遵照我国刑法的规定，未满十四周岁的未成年人，即使行为恶性极重，也免于刑法处罚。对于十四周岁及以上、十八周岁以下的未成年人，未犯八条严重罪行的，可以免于刑法处罚。《中华人民共和国民法典》规定，对于未触及刑法而对他人造成伤害的未成年人，由其监护人代替受罚。因此，可以认为对未涉及刑法所列八条严重罪行的一般校园欺凌行为，即使对受欺者造成较为严重的心理创伤，形成较为恶劣的影响，也依然无适用法律法规依据判罚，导致相关犯罪行为难以量刑，违法行为无从处罚。近年来，在网络上流传多起恶性校园欺凌视频，由于视频中施暴者未达刑事责任年龄，只能进行批评教育，或者建议家长将学生送至工读学校，最后往往导致无从处罚。2017 年 10 月，在我国因校园欺凌判刑的第一个案例中，被判刑的四名女生分别被判处十一个月到一年有期徒刑。在审判结束后,其中一名施暴女生仍哼着歌走出法庭,可见刑法处罚并没有让其真正意识到自身行为的恶劣。因此,中国校园欺凌惩治仍缺乏有效的手段支撑。

我国相关法律法规要求各级政府依法为青少年创造良好的社会环境以及安全的校园环境,为防范与遏制如校园欺凌等对青少年健康成长造成不利影响的行为提供总体的依据与指引,证明国家对青少年所处环境的重视,这是长期遭遇校园欺凌与网络欺凌的受害者的福音,亦为受欺者的监护人提供了坚强有力的法律武器,更为欺凌者的家长与教师提出了欺凌防控的责任担当。党和国家高度重视校园欺凌防控,相关部门也探索出了诸多可推广、可操作的典型经验与治理模式,但高质量、系统性、深度化的理论研究仍显滞后。仅依靠上述保障校园安全的法律法规,难以实现对校园欺凌行为的有效预防。

就大部分学校而言,现有的校规校纪并未包含校园欺凌的情节鉴别、程度判定、干预步骤、惩罚措施等具体内容。单纯依靠学校已有校纪校规干预校园欺凌问题,忽视欺凌行为与争执、打闹的本质区别,易出现欺凌者与受欺者同受处罚,或因欺凌事件处置造成受欺者二次伤害的情况。因此,虽然近年新增多项校园欺凌相关政策,然而相较于高发的校园欺凌现状来说,其干预效果仍不理想。

综上所述,国内外学界一致认可欺凌对青少年造成的伤害是不容小觑的。因此,对校园欺凌的预防与干预研究体现出其必要性与紧迫性。相较于国外,国内在校园欺凌干预方面欠缺操作性强且行之有效的校园欺凌防治模式。从美国校园欺凌英文文献的分析中得出,积极有效的校园欺凌干预与预防项目是抵制欺凌的重要手段。因此,学习国外的先进校园欺凌防治理念,借鉴国外先进的校园欺凌防治模式,辅助中国校园欺凌问题的防治势在必行。在美国乃至世界范围内已经具备四十年以上实行经验和数据基础且有效性得以证实的 OBPP,在该领域研究文献中被多次提及。本书结合美国校园欺凌防治教育的成熟经验,以 OBPP 校园欺凌预防项目为切入点,通过对 OBPP 校园欺凌预防项目运行多年的数据整理,验证 OBPP 的有效性,为其引入中国提供真实可靠的数据。然后对项目内容进行编译,将 OBPP 引入中国,并结合从中国传统文化中衍生出的"积极心理健康教育"理论,坚持《中小学心理健康教育指导纲要》中"培养学生良好的个性品质以及健全的人格"、使学生"学会自我调节,提高自身心理健康水平"的宗旨,以内外兼修,内为主、外为辅的理念创建符合中国国情的 PBPP。最后,对 PBPP 进行有效性验证,测试 PBPP 对本土校园欺凌预防的有效性,并跟踪试验数据,得出长期稳定的试验结果,以验证 PBPP 对校园欺凌预防的效度,探寻可以推广的、适合我国的校园欺凌预防教育模式。

三、研究理论与概念

OBPP基于生态系统理论创立，将学校视为一个嵌套着的系统，通过在学校层面改善学校整体氛围，改变各系统间作用与影响，减少欺凌发生。同时，OBPP在班级层面运用群体社会化理论，将班级视为一种同伴群体构成，将校园欺凌行为视为群体成员不良互动中出现的攻击性行为。OBPP在班级措施中以群体社会化理论支撑，其核心思想是通过群体成员互动行为减少欺凌的发生。当班级群体间与群体成员间的互动关系主要遵循和谐友好的理念时，班级群体成员的整体攻击性即下降，欺凌率亦降低。将OBPP基于积极心理健康教育理念进行本土化，创建积极心理防欺模型（PBPP[①]）。本模型通过将OBPP的生态系统观与中国文化中的“立德树人”相结合，以积极心理健康教育为落脚点，从学校、班级、个人、社区四个层面同时着手防治校园欺凌。

（一）生态系统理论

OBPP的实施涉及学校中的各个层面，从学校层面管理者反欺凌政策的制定到班级层面教师反欺凌规范的普及，从个人

① OBPP与PMHE合称PBPP，即Positive Mental Health Education Bullying Prevention and Intervention Program。

层面教师欺凌预防与干预措施的培训到家长、社区在欺凌防治中与学校的合作，OBPP 将学校视为一个生态系统，将欺凌视为学校整体氛围出现缺陷引发的问题，欺凌的防治基于学校系统间各部分相互作用进行。

OBPP 的创立过程即为生态系统理论的有力体现。OBPP 创立于挪威。由于三名少年因长期受欺自杀，挪威社会各界强烈呼吁抵制欺凌，因此挪威议会发动全国性反欺凌运动，委任奥维斯负责校园欺凌预防计划的开发与实施。如果社会内部的各体系间没有良好的互动，挪威就很难开展全国范围的欺凌预防运动，亦就没有今天的 OBPP。

OBPP 的首要措施是学校层面的反欺凌改革，具体表现为改善整体校园氛围。学校是儿童与青少年的教育机构，亦是社交场所。在培养学生的智力发展之外，学校还担负着促进学生道德、社交及行为能力成长的使命。生态系统理论认为，学校作为社交机构，对儿童及青少年的罪错行为的形成与发展产生重要影响。和谐的校园氛围能够提高学生对学校的认可度，进一步推动学生健康成长。

OBPP 作为典型的综合性校园欺凌防治模式，将欺凌视为学校生态环境的缺陷，将防治目标设定为学校生态环境的整体改善。因此，OBPP 尤为重视学校层面反欺凌校园环境的创建。具言之，OBPP 在学校层面强化反欺凌规范，提高反欺凌认知，减少生生与师生的矛盾，削弱欺凌发生的环境因素；提升欺凌辨识与应对技能，在日常学习生活中融入宽容、共情、负责的社交理念，加强学生与学校间的联结，将激烈竞争型学校环境转化为合作友爱型；其理论依托均为生态系统理论。OBPP 通过全校教职工与学生的全员参与，在学校层面发动反欺凌行动，增强反欺凌意识，制定创建和谐校园环境的整体方案以抑制欺凌。

（二）群体社会化理论

OBPP 在班级层面措施中运用群体社会化理论。班级是一种同伴群体构成，在青少年时期，同伴群体间的攻击性互动是一种常见的互动形式。朋友间玩笑式的攻击性互动通常被称为"打闹"。打闹时使用的攻击性行为与欺凌的攻击性行为构成类似，但是目的截然不同，欺凌的目的是伤害、操纵他人。班级同伴群体是欺凌的高发群体，通常表现为处于权力强势地位的青少年重复对弱势同伴进行恐吓、压榨或迫害以获得更高地位等级。

据此，对欺凌的防治可以从两个维度着手。第一，引导班级群体间与群体成员间的互动关系遵循和谐友好的理念，班级群体成员的整体攻击性将会降低，欺凌率也随之降低。第二，欺凌行为的基本特征为权力非衡性，班级群体中地位等级不同，给予了群体成员拥有不同权力的机会。因此，将权力均衡化、引导群体不再将权力欺压作为群体规范、鼓励群体及群体成员间的和谐友好共处是减少欺凌的重要举措。

OBPP 班级措施的核心思想为通过班级群体成员互动方式去伤害化减少欺凌。在班级中，班主任教师具有绝对领导力，因此班级措施的主要执行者为教师。教师通过欺凌防治规范的渗透，引导群体成员用平等互助代替权力欺压作为群体规范。当群体中地位较高的成员不再以权力攻击作为操控或压迫弱势成员的手段，获得群体地位不再需要通过攻击他人时，欺凌存在的情景因素随之降低。当具有攻击性行为的个体不再处于同一群体中，不再强化彼此的攻击性属性，而与积极个体组成同伴群体、遵循和谐友好的群体规范时，其再次实施欺凌的可能性随之降低。

群体社会化理论在应对欺凌问题上的优势地位还体现在同伴保护对欺凌的预防效果。当学生在班级中有同伴陪同时，遇到困难更容易得到帮助，其求助请求更可能得到响应。学生处于有能力亦有意愿保护弱者的同伴群体中，其遭受欺凌的可能性大大降低。更多学生加入同伴群体中后，保护因素会远超风险因素，从而减少受欺。因此，OBPP 在班级层面的奖惩措施中明确指出，对组织班级全员参与活动的学生应予以嘉奖。这一措施看似与应对欺凌无直接关联，而实际上正是运用了群体社会化理论中“结伴而行”的理念，使参与活动的学生逐渐培养出友谊，形成同伴群体，群体向弱势个体提供强有力的保护，使其免受欺凌威胁。对于有攻击性倾向的边缘个体，引导其融入积极同伴群体中，中和其风险特征，降低其实施欺凌的主观可能性。

同伴保护对欺凌的预防作用还与班级中勇于抵制欺凌及维护受欺者的学生数量有关。欺凌发生时，如果班级同伴群体中受害维护者人数较多，欺凌就难以持续。OBPP 主张在班级中张贴欺凌防治规范，普及欺凌常识，强调欺凌危害，使平时处于旁观者角色的学生能切身感受到欺凌对受欺者带来的伤害。这些措施的目的是激起同伴群体中作为旁观者的同伴抵御欺凌的勇气及信心。当欺凌者的攻击行为在旁观者中没有得到支持，反而引起抵制情绪时，其继续欺凌的意愿随之减弱，再次欺凌的可能性也由此降低。

综上所述，OBPP 以生态系统理论为理论基础，以群体社会化理论为实践根基，在学校层面、班级层面、个人层面、社区层面均采取细节化的欺凌防治措施，通过对群体间及群体内成员间互动属性与方式的控制以及学校生态系统的整体改善降低欺凌的发生率，达到预防与干预欺凌的效果。

（三）积极心理健康教育理论

我国《中小学心理健康教育指导纲要》（2012 年修订）指出，要使学生正确认识自我，增强学生的自我调控意识，加强学生适应环境的能力，培养学生良好的个性品质以及健全的人格。对心理上存在困扰或障碍的学生，为其提供科学有效的心理辅导与心理咨询，帮助其尽快摆脱障碍，学会自我调节，提高自身心理健康水平。[①] 九部委联合发布的《关于防治中小学生欺凌和暴力的指导意见》亦指出，防治校园欺凌应加强对中小学生的思想品德教育，培养学生良好的行为习惯，加强在学生中推行心理健康教育并进行心理危机排查，加强对存在不良行为的学生进行早期干预的机制。在处理校园欺凌事件时，应当坚持以教育为主、以惩罚为辅的处理思想，为遭受欺凌的学生及时提供心理辅导，对实施欺凌的学生及时实行心理以及行为矫治，并对其欺凌行为予以适当的惩戒。[②]

积极心理健康教育（Positive Mental Health Education，PMHE）以中国儒家文化中的“正心”思想为核心价值观。“正心”之“正”有两层含义：一是不偏斜、平正，与歪对应；二是平和。在此基础上“正心”亦有两层含义：一是指正确的、不偏不倚的心理；二是指端正偏颇的心态。因此，积极心理健康教育中“正心”的精髓即为儒家道德修养中的“正心立德”，即努力保证心理处于正确的状态且朝着正确的方向发展。

积极心理健康教育基于社会主义核心价值观创立，其根本目标为“塑造积极心理，奠基幸福人生”，目标中幸福之义取自马克思主义对幸福的界定，其精神实质为人的自由全面发展。因

① 中华人民共和国教育部：《教育部关于印发〈中小学心理健康教育指导纲要（2012 年修订）〉的通知》，2020 年 10 月 1 日，http://www.moe.gov.cn/srcsite/A06/s3325/201212/t20121211_145679.html。

② 中华人民共和国教育部：《教育部等九部门关于防治中小学生欺凌和暴力的指导意见》，2016 年 11 月 1 日，http://www.moe.gov.cn/srcsite/A06/s3325/201611/t20161111_288490.html。

此，积极心理健康教育的终极目标是为人的全面发展提供心理基础。此目标对应《中小学心理健康教育指导纲要》(2012年修订)的总目标，即全面提高学生心理素质，充分开发学生潜能，培养学生健康乐观、积极向上的心理品格，努力促进其身心和谐、健康成长，为未来幸福生活奠定基础。

积极心理健康教育以中国传统医学中"固本培元、扶正祛邪"为基本原则，面向全体师生培养积极心态，塑造健康心理，该理论不仅强调应当帮助逆境中的人学会如何改善心态，还致力于帮助处于正常环境的普通人实现高质量的生活，以增强心理免疫力为主，以补救矫治为辅，通过培养正能量，预防和化解心理问题。

1.积极心理健康教育的参与主体

积极心理健康教育不仅关注少数问题学生，还将参与群体扩展为全体学生。随着积极心理健康教育理论的发展，其教育对象又进一步从全体学生升级为全体教职工、家长等，这与其教育目标——"塑造积极心理，奠基幸福人生"相一致，体现出其教育理念中全方位、全过程、全员参与、全面渗透的特点。积极心理健康教育理论认为只有当教师与家长具备积极的心态时，学生才能塑造积极的品质。

2.积极心理健康教育的原则

积极心理健康教育有五条基本的原则：第一是固本培元、扶正祛邪，第二是激扬生命、开发潜能，第三是全员参与、自主自助，第四是全面渗透、全程跟踪，第五是围绕中心、服务大局。这五条原则代表面向全员开展的五个层次的内容。

第一层，亦是最基础的一层，为培养积极心理品质。积极心理健康教育针对中国国情特点与学生心理特征，列出十四项核心教育条目：增进主观幸福感、提高生活满意度、开发心理潜能、发挥智能优势、改善学习力、提升自我效能感、增加沉浸体验、提升创新能力、优化情绪治理、创立和谐关系、学会积极应对、满怀乐观希望、建立自尊自信以及完善积极的品格。

第二层，弘扬传统美德。“仁、义、礼、智、信”是中国传统美德的核心要求与价值观的重要体现。对中华民族优秀道德品质的传承与发展是积极心理健康教育致力的重要目标。

第三层，筑牢核心素养。核心素养是积极心理健康教育的关注重点，亦是课程改革的依据。核心素养的提高需要良好的文化基础、恰当的自主发展与积极的社会参与三方面相辅相成，互为促进。

第四层，优化学科学习。积极心理健康教育强调因材施教，教学内容依据学生不同特点设计，寓教于乐，防止学生出现厌学、压抑等负面情绪。

第五层，预防与化解各类心理问题。积极心理健康教育依然致力于化解传统心理教育中提到的心理问题，但是更加坚持扶正祛邪的思想，通过固本培元的理念解决心理难题。

3.积极心理健康教育的基本方法

积极心理健康教育在实践中主要有六项基本措施。

第一,专题培训。积极心理健康教育强调全员参与,这也是预防问题心理发生的重要途径,其专题培训以通识培训、幸福课、主题班会、拓展训练等形式,向学生传授积极心理健康教育的基本常识与技能。

第二,学科渗透。积极心理健康教育所说的学科渗透主要包括两层含义。其一是形式性的渗透,指将积极心理健康教育课融合到学科教学中,有相应教师在学科教学中教授基本知识与技能。其二是内容性的渗透,指在教育开展中发挥学科内容与积极心理健康教育相一致的元素,在授课的同时传授相关理念、知识与技能。

第三,家校合作。此方法是指家长、社区工作人员与教育工作者共同承担学生心理健康教育的任务,相互交流,通力合作,对学生身心健康发展产生叠加影响。

第四,文化浸泡。在校园文化中渗透积极乐观、健康向上的思想,通过学校文化整体氛围的潜移默化,让师生受到积极心理的熏陶,从而达到促进学生健康成长的目的。

第五,个别辅导。此为传统心理教育固有的部分,即教育者利用教育学、心理学知识储备与经验积累,帮助学生提高自我认知、优化自我调节、发挥自我潜能、促进自身人格的和谐发展。

第六,网络支撑。网络技术为实时跟踪、自主自助监测、课程资源共享等提供可能，并提供了通过网络交谈进行心理咨询的新方式。

总体而言，积极心理健康教育以“正心”思想为根本，以追求幸福的心理体验为目标，符合中国中小学生特点，通过全员参与、全面渗透、全程跟踪的多层级内容，固本培元、扶正祛邪，为学生、教师、家长创造积极的心理体验。

（四）积极心理防欺模型（PBPP）

积极心理防欺模型（Positive Mental Health Education Bullying Prevention and Intervention Program，PBPP）是基于积极心理健康教育理念的 OBPP 本土化成果。本模型通过将 OBPP 的生态系统观与中国文化中的“立德树人”思想相结合，以积极心理健康教育为落脚点，以“内预外防”为根本，以“全校、全员、全面、全方位、全过程”五个全面为宗旨，联合家、校、警、区建立欺凌防治网，形成“四位五全”联动机制，从学校、班级、个人、社区四个层面同时着手防治校园欺凌。在外部环境上，PBPP 将学校视为一个生态系统，将欺凌视为学校整体氛围缺陷引发的问题，其欺凌防治措施基于微观、中观、外围、宏观环境系统之间以及系统与个人之间的相互作用发动学校教职工、家长、学生、社区工作人员、干警等多群体，协作开展校园欺凌的预防与干预。在内部环境上，PBPP 以“立德树人”为基础，从知、情、意、行、体五个方面培养积极心理健康教育理论强调的中小学生应具备的九项积极健康品质(爱、友善、信念与希望、谦虚、执着、真诚、宽容、创造力以及决策力),通过提高学生道德水平、培养积极品格预防欺凌。PBPP“内预外防”的校园欺凌防治根本原则在其学校、班级、个人、社区四个层面的具体措施中均有呈现。

PBPP学校层面的“外防”体现为营造欺凌防治校园氛围,“内预”体现为端正心态、提高修为。具言之,“外防”方面的措施包括普及校园欺凌知识,提高全员欺凌防治意识,严肃欺凌惩治规定,开展欺凌法制教育,完善欺凌处理流程等。“内预”方面的措施包括面向全员开展积极健康心理教育,引导学生端正思想,规范言行,培养学生九项积极品质;鼓励教师以身作则,关爱学生,在学校生活中向学生传达爱与关怀的积极情感,使学生沐浴在和谐的校园氛围中,并将积极的感受投入同伴交往中;等等。

PBPP班级层面的“外防”主要体现在正面群体规范的建立、消极群体的解构和积极群体的重组;“内预”主要体现在团结友爱集体意识的培养。具体而言,在“外防”方面,PBPP将欺凌防治宗旨带入班级日常管理,在班级中进一步内化规则意识,引导学生在群体成员互动中减少操控性、伤害性行为的实施。将欺凌风险群体解组,引导其成员与积极个体组建新群体,通过群体成员的正面影响降低个体的受欺风险。在“内预”方面,通过组织有意义的班级团体活动培养学生的集体意识以及“真诚、友善”等积极品质,引导学生以爱和宽容的态度对待同伴。

PBPP 个人层面的“外防”体现在对欺凌应对技能的掌握，“内预”体现在自身修养的提高。具言之，在“外防”方面，PBPP 制定校园欺凌“七步干预法”，通过掌握欺凌应对技巧，协助学生在遭遇欺凌时明确性质、恰当处理、及早上报，为欺凌事件的及时准确干预奠定良好基础。在“内预”方面，引导学生树立合群开朗的品格，严于律己、宽以待人，以乐观积极地心态与同伴相处，抵制欺凌行为。

PBPP 在社区层面的“外防”体现在家、校、警、区协同合作，建立全方位欺凌防控联动机制；“内预”体现在家长的积极健康心理教育。具体而言，在“外防”方面，以欺凌防治委员会为基点，通过校级与班级的多次家长会提升家校沟通的效率与频率；通过开展法制教育系列讲座，提高全员法制意识，加强校警合作，联合打击家校途中的欺凌行为；通过开展传统节日体验活动，发动校区配合，为校外欺凌问题的管控提供支持与服务。在“内预”方面，提高家长法制意识与自身素养，倡导家长以积极健康的心态对待子女，使青少年在家庭生活中能够感受到幸福与欢乐，并鼓励学生将积极的情感体验延伸到同伴相处之中。

总而言之，PBPP 在学校、班级、个人、社区四个层面，通过外御欺凌行为、内防欺凌心理的双重手段，达到校园欺凌防治的最终目的。

四、研究方法与路径

本书提到的研究包括理论阐述与实证研究。在理论研究中，首先，运用文献法对研究主体相关文献进行梳理、分析，并对研究中存在的问题进行反思，据此构建本研究的理论框架。其次，针对研究主体，就国内外已有理论研究与实践数据展开比较研究，确定具备有效性、适应性、推广性的 OBPP 作为本土化对象。最后通过问卷法与访谈法对 PBPP 进行验证，并评估结果，证实 PBPP 的有效性。具体研究方法如下。

（一）文献法

本书的主要研究方法之一是文献法。在文献研究法中，选取文献理论分析法进行文献综述，服务于研究的理论基础与概念厘定；选取文献计量研究法对近二十年的研究成果整合分析，以判定研究重点与研究趋势。

1.文献理论分析

文献研究一般是根据所要研究的领域与对象，通过搜集梳理已存文献资料开展间接考察的研究方法。最常用的文献研究为综合性研究，亦称为文献综述。文献综述主要通过对已有的实证及理论研究的分析与间接考察，总结以往的研究成果，勾绘出研究者目标领域的知识全貌。综述式文献研究可以辅助研究者发现以往研究中遗漏或未曾解决的重要问题，以便指导未来的研究进展。基于文献的研究，可以为研究者提供更好的理论与数据支撑，客观地对本领域研究的对象群体、趋势进展、重点文献、最新成果、主要理论等信息进行较全面的分析与整理。

本书运用文献理论分析对国内外校园欺凌与 OBPP 相关文献进行理析。校园欺凌文献研究主要从校园欺凌界定、校园欺凌参与群体、校园欺凌防治三个角度对国内外文献进行梳理。OBPP 文献研究方面主要从 OBPP 的创建、OBPP 视域下的校园欺凌参与群体以及 OBPP 视域下的校园欺凌防治等多角度对国内外文献进行阐析。对国内外文献的综合分析为本书深度探索 OBPP 的理论基础、模式特征以及有效性提供研究成果与数据支撑。

2.文献计量研究法

本书以 CITESPACE 为文献计量研究工具，对国内外重点关注文献进行检索梳理。CITESPACE 是对共引网络进行可视分析的一项 JAVA 程序，近年来已成为对目标知识领域进行文献计量分析的一种新型工具。CITESPACE 能够帮助研究者标明目标研究领域，识别该领域的研究动态，获取最新的研究趋势与方向。德国学者普莱斯(Price)于 20 世纪 60 年代发现，对某一研究领域文献“半衰期”的分析能够体现该领域研究动态的本质。对共被引文献的研究可以帮助研究者轻松地判断出该领域的经典文献以及知识基础，而对研究领域某一时间段内文献的分析可以推测出该领域当时的研究前沿。

运用CITESPACE可视化图谱分析法，在WOS网站中以"school violen * "或"school bully * "为关键词检索，搜索时间区间为2000～2020年，国家/地区为美国所有语言为英文的文献，将检索出的文献以保存为其他文件格式的形式导出，每个页面显示五百条记录，每条记录内容为全记录与引用的文献参考，文件格式为纯文本。建立一个名称为"美国校园欺凌文献研究"的新项目，将每一年设定为一个时间单位，通过CITESPACE可视化研究分析软件分别从关键词、作者、共被引以及机构四个方面对2000～2020年的研究文献进行分析，并以可视化图谱形式呈现出来，最后将结果以表格方式导出加以整理。CITESPACE可视化图谱导出数据显示，在国外的校园欺凌研究中，排名前十的研究关键词以出现频率从高到低排序为欺凌、受害、青少年、儿童、行为、学校、攻击、同伴欺凌、普遍性、受害者；排名前五的高共被引作者分别为比约克维斯特、科瑞克、萨尔米瓦利、奥维斯以及史密斯；高产研究机构前十名分别为伊利诺伊大学、卑尔根大学、图尔库大学、伦敦国王学院、哈佛大学、格罗宁根大学、亚利桑那州立大学、华盛顿大学、多伦多大学以及北卡罗来纳大学。用同样的方式搜索21世纪以来中国知网中的校园欺凌相关中文文献，基于高频关键词、高产机构、高产作者的图谱数据从校园欺凌词源分析、概念演变、主体厘定、预防干预四个维度对国内研究进行综述。数据显示，中国校园欺凌研究的主体覆盖从儿童到青年的所有年龄阶段，“欺凌”行为定义着重强调了“行为的伤害性”这一特征，并对行为的“施”“受”双方以及行为方式进行了限定。国内校园欺凌的防治倾向于通过教惩欺凌者来解决欺凌问题，侧重点集中于法治与教育两个方面，依靠普及法律知识预防校园欺凌、制定法律规章干预校园欺凌、运用法律手段惩治校园欺凌的倾向较为显著。

（二）比较研究法

比较研究指在社会科学领域以发现相异、相同、起因等为目的，对两个或两个以上事物进行比较的研究范式。德国学者德驰（Deutsch）认为，比较研究在科学与哲学研究中的运用已持续两千多年。6 世纪，希腊已经开始跨文化比较研究。比较研究的模式众多，但以空间与时间为基础的比较研究居多，其中以不同国家、文化间的比较最为常见。本书主要采用单因素比较研究（Uni-variate Comparison），即在不同的社会系统中，由于某个因素的作用导致系统内部发生变化的比较研究模式。本书的研究重点为不同国家背景下 OBPP 校园欺凌预防与干预效果的比较，为 OBPP 在本土化过程中与中国欺凌防治理论和经验的结合提供重要参考。

（三）问卷调查法

问卷是由一系列问题组成，以从应答者处搜集信息为目的的研究工具。1838年，伦敦统计学会在第四次年度报告中首次使用问卷，用于调查“与罢工有关”的问题。问卷的形式可分为结构式问卷、半结构式问卷、开放式问卷、封闭式问卷等。问卷作为研究工具的优势包括其实施的便捷性、统计的简易性、结论的客观性、样本的规模性等。

本书的问卷研究主要运用在对PBPP的验证中。问卷发放对象为参与试验的所有学生。研究者首先发放前测问卷，收集试验学校前测信息，根据前测问卷数据结果对模式实施步骤进行改良。在验证周期结束时，研究者再次对同一学生群体发放问卷，采集后测数据进行统计分析。通过前测与后测的数据对比，得出有效验证结果。

问卷研究法的规模性优势使其能够满足试验学校大量学生参与调研的需求，题目的专门性使问卷紧贴实施内容与流程安排。问卷题目为半封闭式，除个别题目外，均为选择题，每个问题给予回答者标准化选项，避免学生因过于开放的题目形式而答非所问或无从回答，致使问卷得不到有效数据。总之，问卷答案的标准化大大提升了统计数据的客观性。

（四）访谈调查法

“访谈”在《韦氏词典》中的定义为：“一场有问有答的对话。”美国学者赫仑（Heron）指出，人类调查研究的最初范式即为两人间的对话与问答。言语交流本身即含有合作式的调研意义。

对人类而言,没有比对话更基础的调研方式。布鲁姆(Blumer)教授指出,采用访谈,尤其是采用深度访谈作为研究工具,其意义在于个体对行为的感知会影响到个体对行为的实施,因此,探寻个体内心感受对理解个体行为尤为重要。访谈法包括结构式访谈、非结构式访谈、半结构式访谈等。访谈研究法的优势在于其灵活性、深入性、生动化和细节化。访谈数据能够弥补问卷数据封闭性答案的限制,为研究者提供更加全面的有效性验证结果。

在 PBPP 验证中,研究者首先对试验相关利益者——学校教职工、学生、家长、法制副校长等开展前测访谈,了解学校现有的校园欺凌防治规章措施以及各群体的校园欺凌认知与态度。根据前测访谈结果,对实施步骤进行改良。在验证周期结束时,研究者再次对同一群体开展访谈,了解学校在规章建立、校园氛围、法制建设、师生共育、生生互动方面的提高与改善。通过前测与后测的对比,得出有效性结论。本书运用访谈研究法的目的是在问卷研究法数据的基础上对学校管理人员、教职工、学生、法制副校长等相关利益者在欺凌认知、PBPP 实施效果方面的感受进行深入的了解。将访谈法与问卷法数据相结合,能够形成更加完整的实施效果有效性结论。

第二章　OBPP 的概述与效度

本章关注 OBPP 的理论体系与模式验证。OBPP 源于挪威，将学校视为一个生态系统，认为欺凌是学校整体氛围出现缺陷所引发的问题，是以“全校、全员、全面”为宗旨，通过发动学校管理者、教师、家长、学生等多方合作达到校园欺凌的有效预防与干预的综合性校园欺凌防治模式。为适应美国学校与社区的紧密联结，OBPP 的实施措施从原有的学校、班级、个人层面拓展为学校、班级、个人、社区层面，突出了家长、社区以及校警联合在校园欺凌防治中的积极作用。本章在阐释 OBPP 特征的基础上，通过国外实施数据分析，对其进行有效性检验，为探求适宜中国的校园欺凌防治模式提供国际视野，为 OBPP 本土化改良铺平道路。

一、OBPP 概述

OBPP 是基于生态系统理论而创立，涉及学校、班级、个人多个层面的欺凌预防与干预项目，其以"全校、全员、全面"为宗旨，将学校视为一个生态系统，而将欺凌视为学校整体氛围出现缺陷引发的问题，通过发动学校管理者、教师、家长、学生、社区等多个方面的合作达到欺凌的有效预防与干预。

(一)OBPP 的构建背景

1983 年，挪威三位正值青春期的男孩自杀，其缘由是不堪长期遭受同伴的欺凌。为对这起悲剧性事件作出回应，挪威教育部开展了全国范围内的减少校园欺凌运动。在这一背景下，奥维斯教授创建了 OBPP 的雏形。OBPP 创建的核心理论是重建儿童的校园社交环境，降低欺凌行为发生的可能性，建立学校为一个生态整体的观念。OBPP 主要面向的群体为小学到中学 5～17 岁的儿童与青少年。项目设立的目标是改善学校整体氛围，降低已存在的在校学生欺凌行为，防止新的欺凌问题出现，以及改善学校内的不良同伴关系。

(二)OBPP 的内容

OBPP 的创建依据是生态系统理论，其从全校着眼，将欺凌视为学校氛围出现缺陷引发的问题，发动学校师生、家长、社区等全员参与，达到欺凌防治的最终目的。OBPP的实施主体是学校教职工。OBPP从其核心理论出发，为教职工制定四项欺凌防治原则。

第一，对学生展示热情与关怀。

第二，严格管控不良行为。

第三，在学生中树立威信，做出表率。

第四，对违反规范的行为实施统一的、非恶意的、非体罚性质的处罚。

OBPP的四个原则是在生态系统观的基础上，根据系统环境间的互动攻击性行为的发展与矫正的研究而确立的。以上四个原则是OBPP实施的根基，OBPP的具体措施均是围绕上述原则制定。OBPP的指导手册内容细致、措施明确、可操作性强。对于学校各个层面的操作流程与步骤，OBPP都提供了详细的说明(见表2.1)。

表2.1 OBPP流程表

前期准备	实施流程
成立欺凌防治协调委员会	完善并公布"欺凌防治"校规
发放奥维斯欺凌问卷	组织全校主题家长会
OBPP培训官开展2天委员会成员培训	组建教职工讨论小组
奥维斯欺凌问卷结果分析	处理欺凌报告，干预欺凌事件

续表

前期准备	实施流程
全校教职工参与一天 OBPP 培训	与欺凌事件参与者家长会谈
向家长发放学生参与授权书	向 OBPP 培训官汇报实施进展
学生与家长参加启动仪式	发放奥维斯欺凌问卷

从表 2.1 中可以看出，OBPP 为学校提供了从准备到实施的完善流程指导，使学校可以轻松地按照流程步骤的要求进行操作，避免了因实施纲要过于笼统而导致的操作失误。在项目实施的实际操作中，OBPP 的四个重要原则会从四个层面——学校层面、个人层面、班级层面以及社区层面体现出来。OBPP 为每个层面措施的实施提供了详细的指导(见表 2. 2)。

表 2.2 OBPP 四个层面内容安排

层面	内容
学校	组建欺凌防治协调委员会
	在校教职工培训
	发放奥维斯欺凌问卷
	设立教职工讨论组
	建立学校规范，明确奖惩机制
	完善学校监控系统

续表

层面	内容
个人	监管学生活动
	当场制止欺凌
	约谈欺凌当事人
	约谈欺凌当事人家长
	为欺凌参与者提供帮扶
班级	张贴学校反欺凌规范
	定期举行主题班会
	组织家长参与
	建立正面的班级群体规范
社区	定期举行主题家长会
	邀请社区人士加入欺凌防治委员会
	与社区建立反欺凌联盟
	在社区中传播反欺凌知识与应对措施

1.学校层面

在学校层面，OBPP的具体措施由八个部分组成。最核心的组成部分是欺凌防治协调委员会(Bullying Prevention Coordinating Committee，BPCC，以下称为“欺凌防治委员会”)。欺凌防治委员会是学校层面其他组成部分的基础，其主要职责在于保障OBPP所有措施在学校的顺利开展。欺凌防治委员会一般由来自学校与社区的代表组成，通常在 8～15 人之间，人员包括学校领导 1 人，来自各年级的教师各 1 人，学校辅导员或在校心理咨询师 1 人，校职工代表（校车司机、管理员或食堂员工）1 人，家长 1～2 人，社区代表以及其他有特殊专长的学校职工（如校医，校警）1 人。此外，欺凌防治委员会的成员还可以包括 1～2 位学生代表（通常为高年级学生），或者单独成立学生咨询委员会以保障学生在整体规划及运行中的参与。

欺凌防治委员会成员需要制定 OBPP 在校实施计划，将计划传达于校教职工、学生及家长，将 OBPP 实施计划与学校已有的欺凌预防及干预方案相衔接，从教职工、学生及家长处获得即时反馈信息，并依此对实施进程做出调整，最后将实施内容传达到社区。欺凌防治委员会的主席一般为 OBPP 在校联络官（如校辅导员、校领导、预防欺凌专家）。欺凌防治委员会成员在 OBPP 实施进程中定期举行会议，探讨实施细节。

学校层面措施的第二部分为针对在校教职工的培训。在前期准备中，欺凌防治委员会成员会对学校教职工进行培训，对重要环节，如班会中欺凌内容的讲解，会专门开展更为具体细致的补充培训。

学校层面措施的第三部分为发放奥维斯欺凌问卷。问卷以自陈报告为主要形式，匿名调查学生的欺凌经历。问卷的发放范围通常为三到十二年级（10～18 岁）的学生。OBPP 通过问卷调查的结果试图获得以下信息：学校受欺学生数，受欺学生的年级与性别特征，受欺时长，受欺恐惧心理，受欺上报率，学校欺凌学生数，欺凌学生的年级与性别特征，高发欺凌形式，高发欺凌区域，学生对欺凌的态度，教职工对欺凌情境干预的可靠度，同伴对欺凌干预的可靠度，学生对学校的满意度。

问卷调查的结果有利于欺凌防治委员会成员建立学校反欺凌规章，加强监控系统，对 OBPP 的实施做针对性的调整。此外，将部分重要问卷数据在教职工中公布，可以引起教职工对欺凌问题的重视，使其意识到 OBPP 的成功实施为全体学生健康成长带来有利影响。将部分数据与家长分享可以提高家长反欺凌意识，使其明确学校为抵制欺凌进行的具体工作，提升家长的支持度与参与度。

学校层面措施的第四部分为设立教职工讨论组，其主要目的是方便学校教职工定期深入探讨欺凌现状、总结 OBPP 实施经验与有效预防措施。每个讨论组一般不超过 15 位教职工，并由 1 位欺凌防治委员会成员担任组长。

学校层面措施的第五部分为建立学校规范，明确奖惩机制。OBPP 全校反欺凌四项基本规范为：

第一，不欺凌他人；

第二，尽力帮助被欺凌者；

第三，包容被忽视的学生；

第四，及时向学校与家中的成年人报告。

学校对欺凌的公开反对可以帮助受欺者将遭受欺凌的感受

表达出来，有助于其更好地释放被压抑的情感，使其有勇气划清不能接受行为的界限，坚定、果断地阐明自身的权利。当受欺者的这种明确表态获得积极回报时，便可获得更多的安全感与控制不良事态发展的能力。学校公开的反欺凌表态让欺凌加害者认清重要他人对自身行为的消极态度，意识到应该尊重他人的感受与反馈，以及自身的不当言行对他人造成的消极影响与伤害。当欺凌者注意到他人对其行为的消极态度时，其欺凌行为就难以持续下去。

在遭受欺凌后，告知重要成年人是极其重要的。在引进 OBPP 的学校中，30%～60%的受欺者没有向家中或学校的任何人报告欺凌事件经过。通常受欺者不报告欺凌事件是惧怕欺凌者的报复行为，或者欺凌者可能已经威胁受欺者报告的后果。受欺者亦可能羞于承认被欺凌的事实或者认为被欺凌是自身缺陷所致而选择不予报告。有些受欺者不希望家长担忧或者担心家长得知后会引起过激反应而不予报告。有些受欺者或因顾虑报告欺凌事件后教师会公开在班级中谈及欺凌事件，从而加剧自身困窘处境而不予报告。还有部分受欺者因有过报告成年人却没有解决问题的经历，因此失去信心。鉴于此，将报告欺凌事件作为基本的反欺凌条款是极其必要的，当成年人认真对待欺凌报告，积极有效应对欺凌事件时，受欺者才能真正感受到支持，才能敢于对欺凌说“不”。当欺凌者认识到其行为会在相关成年人中引起高度关注并因此受到惩罚时，其实施欺凌行为的可能性即可大幅降低。

因此,OBPP 要求学校设立符合本校学生特点的反欺凌规范。规范内容须符合以下要求。

第一,明确欺凌定义。

第二,重在预防。

第三,融入 OBPP 反欺凌基本规范。

第四,处罚欺凌行为,嘉奖积极行为。

第五,公布欺凌报告与反馈程序。

第六,公布欺凌干预与惩戒措施。

第七,公布本地区内违纪行为处罚条例。

第八,公布本地区内对违法行为或纠纷的处分规定。

学校反欺凌规范须张贴于学校各处。教师就规范内容与学生及家长展开深入探讨。教职工接受培训,以了解规范中推行的奖惩方法。

学校层面措施的第六部分为建立监控体系。监控体系由学校欺凌防治委员会负责审查与完善。监控系统成员的主要职责是对问卷调查发现的学校欺凌风险区域进行监管。欺凌风险区域一般具有学生多、教职工少或不在教职工的直接视线范围之内、在场校员工权限较弱等特征。此外,欺凌风险区域并非恒定不变,可能因为监管加强等原因发生转移。教职工在风险区域的监控中应扮演主动干预而非被动旁观的角色。如果教职工在欺凌行为发生时不适时制止,就可能传递欺凌可行、欺凌者不会受罚的信息，给旁观学生造成误解，使旁观者对受欺者的共情下降，进而导致学生支持受欺者以及遵守学校规范的意愿降低。因此，教职工监控者应对欺凌行为给予坚定统一的干预。此时，欺凌加害者才会意识到欺凌行为是不被允许的，而且会招致惩罚。受欺者才能体会到教职工的支持，增强安全感。当学生旁观者也参与到反欺凌行为中时，校园反欺凌氛围才更加完善。

OBPP 要求学校避免大量学生同时出现于走廊的情形，要求教师在上下课时立于走廊观察学情。安排教师在食堂里陪同学生用餐，间隔不同年级学生的用餐时间段，尽可能避免把用餐桌椅摆放在教职工监控不到的盲区。安排学生形成互助小组，尽量不单独用餐。禁止学生使用地点偏远的洗手间，如厕时禁止锁闭大门，安排教职工在门外监控。将反欺凌规范张贴于校车内，对校车司机进行 OBPP 培训，安排志愿者监管校车中的学生行为，安排乘车互助伙伴。此外，根据学校功能布局，封闭不使用的隐蔽区域，在走廊中安装镜子，移除室外围栏、草丛等可藏身的遮挡物，减少盲区。通过增设监控系统、加强对危险区域的监控和改良学校设计构造等措施，OBPP 在学校层面有效地减少了校园欺凌的发生。

学校层面措施的第七部分为启动仪式。学校在正式开始实行 OBPP 时举行全校启动仪式，详细介绍 OBPP 流程，明确学校欺凌规范与奖惩机制，提升学生防范欺凌的意识。

学校层面措施的最后一部分为家长参与。在欺凌的预防与干预中，家长是学校的重要合作伙伴。家长通过加入欺凌防治委员会、参与启动仪式、参加家长会等多种方式与学校共同抵制欺凌。

2.班级层面

在学校层面措施之下的班级层面措施共分为四项。第一项措施是在教室内张贴与强调全校通用的反欺凌规范，使学生更易参照执行。教师与学生详细探讨反欺凌规范，确保学生明确规范内容，运用统一的奖惩措施推动规范执行。发动班级全员抵制欺凌，鼓励积极帮助受欺学生的友善行为。对于学生的积极行为，如制止以嘲弄等方式伤害其他同学，向教师报告欺凌事件，向教师及家长报告自己的受欺遭遇等，教师可以酌情给予嘉奖，嘉奖要具体、及时、诚恳、热情。对于学生的不良行为应进行惩罚，惩罚形式应以不具恶意为宜，惩罚内容通常包括口头批评、剥夺特权、赔偿损坏、静坐、谈话、接受监控以及通知家长等。惩罚应适合学生的年龄、性别与性格，与学生的不良行为相关，但秉承“对事不对人”的原则。

班级层面的第二项措施为班级会议。教师与学生定期举行班会，讨论欺凌相关问题是 OBPP 的重要环节之一。举行班级会议的主要目的是建立班集体意识，通过探讨反欺凌规范及奖惩机制，帮助学生明确其在欺凌事件中所扮演的重要角色，以及在欺凌发生时应采取的解决策略。

班级层面的第三项措施为角色扮演。角色扮演通常在班级会议中进行，其目的是锻炼学生在欺凌情境中生成方案与解决问题的能力。在角色扮演中，学生能够衍生出一系列的可以帮助其应对真实欺凌情境的行动。通过角色互换，使学生学会从不同角度看待欺凌问题，培养其共情能力，从而在真正面对欺凌行为时敢于帮助受欺者。

班级层面的最后一项措施为家长会议。家长的参与对于欺凌预防至关重要。家庭是学校抵制欺凌的外延，家长的积极配合能够有效协助教师开展反欺凌措施。反欺凌班级家长会是学校与家庭共同抵御欺凌的重要联结站。教师组织家长会议，帮助家长认清与欺凌相关的问题，通报学校实施 OBPP 进行欺凌干预的进展，鼓励家长参与其中。当家长明确欺凌的内涵与危害，了解学校就解决欺凌问题做出的努力后，一旦欺凌行为发生，教师与家长的沟通会更加顺畅。教师通过以欺凌为主题的班级家长会，与家长针对欺凌知识多次沟通，引导家长在家庭中主动与学生讨论欺凌问题，当学生向家长报告欺凌事件时，家长能够慎重应对、恰当处置，而不是置若罔闻或过激回应。在班级家长会上了解学校反欺凌人员配置后，家长能够更加快捷有效地向学校教师反映欺凌问题。

3.个人层面

OBPP 个人层面措施鼓励教职工加强对学生的监管，尤其要在欺凌高危区域对已知参与欺凌人员提高关注度。此外，个人层面的措施最重要的莫过于欺凌干预“六步法”的普及：

第一步：制止欺凌。（站到欺凌者与受欺者中间，制止旁观者离开。）

第二步：关怀受欺者。（站在受欺者身边，通过少量的眼神交流或拍肩膀等肢体动作表达对其的关心。）

第三步：指出欺凌行为违背校规。（平静地指出所观察到的言行属于欺凌，阐明此为违反学校规范的行为，是禁止的行为。）

第四步：赋予旁观者权力。（如果旁观者尝试干预，嘉奖其行为。如果旁观者不曾相助，不要进行训斥，平静地指出他们的不作为行为，在适当的情况下提议旁观者当下可以如何帮助受欺者。）

第五步：当场告知处罚结果。（首先对欺凌者进行口头批评，但不要训斥，并减少其在校活动权限；告知欺凌者其今后行为将会受到监管，且不可对受欺者进行报复；通知欺凌者的班主任教师并说明欺凌情况；通知学校纪律督察员；严重欺凌行为应上报欺凌防治委员会。）

第六步：避免受欺者再次遭受欺凌。（与受欺者及其家长进行二次会谈；引导受欺者再受欺时及时报告；引导受欺者融入积极同伴群体，避免被孤立。）

此外，OBPP 规定在处理欺凌事件时，教职工应当做到：

第一，尽快阻止欺凌行为。

第二，近距离批评欺凌者。

第三，批评时注意眼神交流。

第四,以简洁、清晰、具体的语言叙述问题行为。

第五,坚定处理问题,避免情绪化或空洞的威胁。

第六,向学生所在班级班主任教师汇报情况。

个人层面对欺凌细节化的干预,可以有效降低欺凌的发生率。

4.社区层面

OBPP 在发展后期根据学校与社区紧密联结的特点将原有的三层面模式拓展,加入社区层面。该层面措施以欺凌防治委员会为基点,要求委员与社区紧密合作,在儿童与青少年聚集区域宣传欺凌辨识与应对技能,认识到欺凌行为不止发生于在校时间,也可能发生在校车上、公园内或往返校途中。当社区成员目睹欺凌行为时应及时制止,尽快报告,保护学生安全,降低校外欺凌发生率。

OBPP 视学校为一个生态系统,视欺凌为个人与系统、系统环境间互动不良引发的问题,秉承"全校、全员、全面"宗旨,从学校、班级、个人、社区多层面对校园欺凌开展预防与干预,并取得有效成果。

二、OBPP 效度检验

OBPP 之所以在国际上具有推广价值是因为其在不同发展水平、不同人口分布、不同经济状况的不同地理区域实践了将近

40 年，获得了丰富的经验以及一致的有效数据。

（一）挪威效度检验

作为在挪威创建的项目，OBPP 最初在挪威的卑尔根市试行，该次试验取名为卑尔根反欺凌计划（Bergen Project against Bullying）。1983 年到 1985 年期间，该项目在 28 所小学及 14 所中学中抽取了 2500 名五至八年级在校青少年作为试验对象，进行为期两年半的跟踪试验。试验选取三个不同时间节点实施调研。结果显示，在 1983 年到 1984 年的第二节点取样时，试验对象被欺凌率降低了 62%，欺凌率降低了 33%。在 1985 年的第三节点取样时，被欺凌率下降了 64%，欺凌率下降了 52.6%。此外，在被测学生的自陈报告中，破坏财物、盗窃、逃学等行为的发生率明显下降，学校中生生关系及师生关系有所改善，学生对学校生活的满意度显著增强。

在卑尔根反欺凌计划试行之后，新卑尔根计划（The New Bergen Project）于 1997 年在卑尔根市再次开展。本次试验选取了 11 个对照组学校及 11 个试验组学校的五、六、七、年级的 2400 名学生。项目实行一年后，试验组学校的被欺凌率下降了 23.6%，而对照组学校的欺凌率小幅上升 4.7%。在欺凌率方面，试验组欺凌发生率下降了 21.4%，而对照组学校的欺凌率上升了 36.6%。1983 年以来，OBPP 在挪威进行了多次试验，除了 1983 年到 1985 年的卑尔根反欺凌计划、1997 年到 1998

年的新卑尔根反欺凌计划，还有 1999 年到 2000 年的奥斯陆反欺凌计划(The Oslo Project against Bullying)、2001 年到 2003 年的新反欺凌国家倡议(New National Initiative against Bullying)以及 2001 年到 2006 年的奥斯陆五年追踪研究(Five-Year Follow-Up Study in Oslo)等。试验共有来自 150 多个学校的超过 20000 名四到七年级的学生参与。挪威的多次大规模试验结果证实，OBPP 不是只适用于卑尔根地区的欺凌预防项目，而是可以适应挪威全国各地区的推广性强的项目。

由于 OBPP 的出色效果，2001 年，挪威教育与科技部联合挪威儿童与家庭事务部，决定在挪威学校大规模推广 OBPP。因此，在 2001 年到 2008 年间，挪威在全国范围内试行 OBPP，大约有 500 所中学的四至七年级的学生参与其中。此次试行分三批次测量，为 OBPP 提供了其他同类欺凌防治措施所罕有的大规模的有效试验数据。第一批次测量结果显示试验学校被欺凌率从 15.2%下降到 10.2%，相对下降率为 33%；第二次测量试验学校的被欺凌率从 14.0%下降到 9.2%，降幅为 34%；第三批次参与测量的学校，其被欺凌率从 13.2%下降到 8.7%，降幅亦为 34%。在欺凌率的测量中，第一批次试验学校的测量结果从 5.7%下降到 3.6%，降幅为 37%；第二批次试验学校测量的欺凌率从 5.9%下降到 3.1%，降幅为 48%；第三批次参与试验的学校，其欺凌率从 5.1%下降到 2.6%，降幅达到 49%。

本次挪威全国范围的 OBPP 实施效果与 OBPP 近二十年

前第一次在卑尔根市试行的结果基本一致，证明 OBPP 符合挪威大部分学校现状并能够有效防控及应对欺凌问题，是具有很高推广价值的欺凌预防与干预项目。

2009 年，在挪威首都奥斯陆开展的奥斯陆欺凌防治计划再次证实 OBPP 的普适性与有效性。在本次试验中，有约 900 名五年级到七年级的学生参与，经过一年的实施，参与学生的被欺凌率从 14.4%下降到 8.3%，降幅为 42.4%；欺凌率从 66%下降到 14.4%，降幅为 78.18%。综上，OBPP 在挪威超过 20 年的实施数据证实，OBPP 在校园欺凌预防与干预方面的有效性是显著的。

（二）美国效度检验

20 世纪 90 年代，OBPP 被引入美国南卡罗来纳州首次施行。1994 年，南卡罗来纳大学的社会家庭研究所（The Institute for Families in Society）获批美国司法部少年司法与犯罪预防办公室基金项目，开展为期三年的农村青年暴力研究。这一基金项目的主要研究方向即为 OBPP 在南卡罗来纳州农村地区学校的实施与评估。

为使源于挪威的 OBPP 最大限度地适应美国学校体制，本次研究的教职工培训工作由奥维斯博士亲自负责。奥维斯博士与项目负责研究员共同合作，将奥维斯欺凌问卷翻译为英文，并针对美国国情添加了测试反社会行为的相关内容。最初在挪威运行时，OBPP 的内容主要集中于学校、班级、个人三个层面，但鉴于美国学校与社区的紧密联结，以及社区环境对学生和家长不可忽视的重要影响，在美运行的 OBPP 延伸出社区层面的措施与内容，充分发挥了社区在欺凌预防与干预中的积极作用。

由于此次欺凌防治研究的目标群体为南卡罗来纳州的农村青少年，因此试验样本的选择并非随机而为，参与试验的学校需符合以下四个条件：

第一，参与学校从南卡罗来纳州选取。

第二，学校需坐落于南卡罗来纳州非大都市地区。

第三，学区的教育厅长需授权学校参加试验。

第四，临近学区之间需形成配对关系。

根据以上条件，项目研究团队选取六个南卡罗来纳州农村地区，所选区域中所有学校都同意参与此次试验。

依据地理位置及学生人口分布情况将参与学校分成试验组与对照组，其中试验组学校 11 所，对照组学校 28 所。在所有参与学校中选取四至六年级学生为研究对象。其中非裔学生在不同学校占学生总数的比例区间为 46%～95%，非拉美裔白人学生占比区间为 4%～53%。

项目的实施分为三个时间节点，主要测量手段为奥维斯欺凌问卷(英文版)。1995 年 3 月，进行 OBPP 前测；1996 年 3 月进行 OBPP 中测；1997 年 3 月，于项目实施两年后进行后测。

试验结果显示，在 OBPP 实施前，试验组学生的欺凌率为 23.6%，实施项目七个月后欺凌率降至 19.9%，降幅为 15.7%；而在对照组学校中，在试验开始前，问卷调研显示学生多次欺凌的发生率为 18.5%，试验进行七个月后该数据升至 20.7%，升幅为 11.9%。从试验结果来看，OBPP 在美国的首次试行是成功的，亦具有里程碑意义。本次试验的结果印证了 OBPP 的有效性及推广价值，拓展后的 OBPP 不仅适用于挪威，还成为可以适应美国社会环境的普适性模式。

继在南卡罗来纳州的农村学区进行试点之后，项目研究团队又选取宾夕法尼亚州费城市中心学区的 6 所大型公立中小学再次对 OBPP 进行有效性验证。试验为期 4 年，学生多来自低收入家庭（占比 67%），人种分布以非裔为主（占学生总数的 82%），兼有少量拉美裔学生（占比 10%）。对试验有效性的评估方式，除了传统的奥维斯问卷之外，还加入了仪器观测法与项目实效检测法。仪器观测法是根据欺凌行为检测清单对学生群体中发生的肢体、语言、情感欺凌进行监测，监测内容包括取绰号、殴打、推搡、散布谣言、排挤、嘲弄、诅咒、发怒以及威胁手势等。观测仪器主要放置于问卷结果显示的欺凌高风险区域。中学的观测点在午餐时段，小学的观测点在课间休息时段。项目实效检测每年进行一次，主要是对 OBPP 实施的组成要件进行检测，并为其效度打分，其主要目的是保证学校不在长期的试验中偏离 OBPP 实施的核心宗旨。

此次费城项目的试验结果显示，经过四年的 OBPP 实施，试验学校的欺凌发生率从在校每 100 小时发生 65 起，下降到在校每 100 小时发生 36 起，降幅为 45%。对项目实效的检测结果显示，项目的核心组成部分，包括张贴学校欺凌防治规范、坚持一致的欺凌奖惩机制、教职工培训、引导学生参与集体活动等方面都与试验学校欺凌率下降存在强相关。

在以非裔与拉美裔为学生主体的学区进行两次大规模试验后，鲍尔(Bauer)等人在华盛顿州以非拉美裔白人为主要人种的学区开展 OBPP 验证试验。项目研究团队在华盛顿州选取了 10 所公立中学，其中 7 所为试验组，3 所为对照组，所有中学选择六至八年级学生参与试验。试验组学校学生人种分布比例为非拉美裔白种人占 40%，亚裔占 24%，非裔占 12%，拉美裔占 7%；控制组学校非拉美裔白人学生占比相对较低，为 23%，非裔占 28%。本次研究主要针对 OBPP 对学校身体欺凌与关系欺凌率的影响展开。试验结果显示，实行 OBPP 后，试验组白人学生的关系欺凌发生率相较控制组同龄人下降 28%，而身体欺凌率下降 37%。不仅如此，试验组学校的学生在欺凌发生时更倾向于进行抵制与积极干预。

从以上三次大规模试验的结果可以看出，OBPP 在不同发达程度、不同地理位置、不同人种群体、不同经济状况的美国中小学中都能够有效开展并获得积极效果。因此，鲍尔认为 OBPP 揭示了欺凌的内涵，为学校应对欺凌提供了完善的运行体系，并将 OBPP 评价为“唯一可行的，在全校范围内适用的综合性欺凌防治项目”。

为进一步验证 OBPP 对校园欺凌防治中成人角色的积极影响，研究团队选取美国西海岸加利福尼亚州南部郊区的三所小学进行了为期两年的试验研究。研究依然选取了三个时间点，利用奥维斯问卷在学生中检测 OBPP 的试验效果。此外，在教师及家长中通过匿名自陈报告的方式收集 OBPP 试验效果信息。研究结果显示，OBPP 的实行对四年级学生的欺凌干预效果最佳，在项目实施一年后，学生被欺凌率下降了 32%，项目实施两年后再下降 20%。全校学生的自陈报告结果显示，项目实施一年后被欺凌率下降 21%，两年后再下降 14%。在欺凌发生率方面，项目实施一年后下降 8%，两年后再下降 17%。

本次试验中最重要的研究部分是校园欺凌中成人角色的变化。在项目实施两年后，被欺凌学生普遍更倾向于向教师报告已发生的欺凌事件。在学生的反馈中，教职工干预欺凌的态度更加明确。教师对反欺凌规范的认知度上升了 67%；教师对欺凌事件报告处理方式、处理流程的掌握度上升了 78%。认为欺凌防治规范已经很好地传达给学生的教师人数上升了 97%，家长中持同样态度的人数上升了 91%。

成人在欺凌的干预中扮演着至关重要的角色。在此次研究中，OBPP 在这方面的效果得以彰显。无论是在学生的问卷还是教师及家长的反馈中，均可看出成人角色对欺凌防治规范的认可、对欺凌处理方式与流程的掌握、对学生欺凌报告的重视，以上改善均有利于阻止欺凌问题恶化，甚至预防欺凌行为发生，并在对受欺者进行抚慰与支持时起到关键作用，以上积极效果在此次试验中均有所展现。

截至目前，2009年在宾夕法尼亚州开展的相关试验是OBPP在美国进行的最大规模的研究。此次试验涉及该州107所学校、56000多名学生与2400多名教师，试验为期两年。此次试验主要关注OBPP实施后成人应对欺凌的态度、学生应对欺凌的态度以及学生报告的欺凌与被欺凌率的变化趋势。

研究者在试验中发现，OBPP的实施对所有年级的学生均有效果，其中效果最为明显的是高中生。在OBPP实施后，参与试验的高中生的欺凌发生率下降了15%～39%。几乎所有参与的学生都认为，OBPP的实施促使学校教职工更加积极地应对欺凌问题。学校中认为教师对欺凌不闻不问的学生比例下降了11%～53%。此外，旁观学生对待欺凌问题的态度明显有积极的转变，更多学生表示会尽量帮助受欺者，而认为自己会漠然旁观或参与欺凌的学生数量明显减少。最后，研究者还发现，参与试验的中小学教师能够认识到欺凌的危害性并积极应对欺凌问题。在班级活动中积极与学生探讨欺凌问题的教师人数增长了14%～131%。

（三）小结

OBPP的实施不仅在学生欺凌预防与干预中颇具成效，而且对学校与家庭中重要成人的欺凌防治态度与行动积极转变方面也颇具效果。在OBPP实施后，参与试验的学生几乎均在自陈报告中描述了欺凌发生率的下降、欺凌受害率的下降、欺凌事件报告率的上升以及学生抵制与干预欺凌事件意愿的上升。以上试验结果不仅体现在检测问卷中，在同时使用观测手段的试验项目中，身体欺凌与关系欺凌发生率亦明显降低。综上，OBPP从20世纪90年代中期引进美国，在不同发展水平、不同人种分布、不同经济状况、不同地理区域的美国中小学，经历超过30年的试验验证，从最初的挪威欺凌防治项目发展为适用于美国社会及学校环境的、适用于中小学各年级的综合性校园欺凌预防与干预项目。OBPP从挪威创建到美国发展的多年数据体现出其可塑性、适应性、推广性与国际化。

第三章　OBPP的本土化探索

本章从OBPP中国本土化路径的理论适切性入手，厘定OBPP本土化之PBPP所预设的形塑目标，深入剖析其模式特点、实施维度与保障机制，力图建构较为完备的中国校园欺凌问题防治模式。首先，本章从理论同构、问题同域、趋势相合与方法同功四个维度论证OBPP在中国本土化过程中首先需要解决的本土适切性问题，进而以OBPP本土化之PBPP的形塑目标为核心，厘定PBPP所要建构之校园欺凌防治模式的四类特征，即重构校园氛围、培养积极品格、家校警区联动以及内外兼修宗旨。最后，从学校、班级、个人与社区层面解析PBPP的实施维度与保障机制，为该模式在中国情境中的现实操作提供必要的制度设计与方法依据。PBPP建构思路如图3.1。

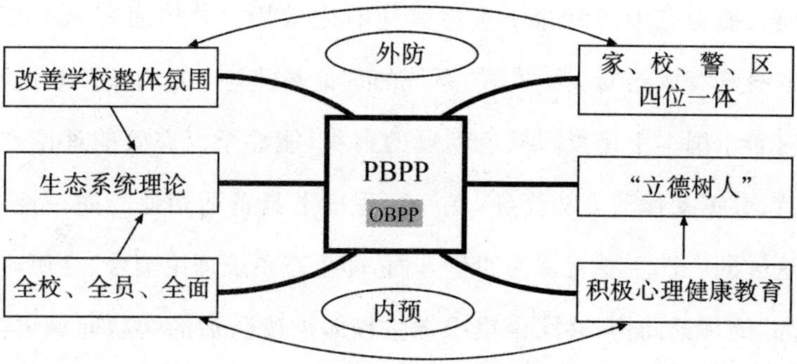

图 3.1　PBPP 建构思路图

在将 OBPP 引入中国的本土化过程中,难以避免的是如何克服 OBPP 可能出现的水土不服的问题。为此,本书以积极心理健康教育为先导,视党的十八大提出的"立德树人"为中心,结合 OBPP 的生态系统观,以内预外防为根本,以全校、全员、全面、全过程、全方位为"五全"宗旨,联合家、校、警、区建立校园欺凌防护网(合称"四位五全"联动机制),构建从学校、班级、个人、社区多维度同时开展,适用中国社会制度、话语情境与教育背景的校园欺凌防治模式(PBPP)。

一、OBPP 的本土化适切性分析

将 OBPP 进行本土化改造移植与深化实施的前提是解决该模式与中国本土语境及现实问题的内在自洽问题。换言之,OBPP 对中国校园欺凌问题的防治是否具有共生性,关系到本模式能否在中国背景下发挥其应有之效用。总体而言,OBPP本身具有成熟的实施模式、系统的理论基础与丰富的试验数据,对于中国本土化校园欺凌问题的解决,能够予以有效的理论支持、数据支撑与方法指导,在一定程度上具备适切性与同一性。这种同一性主要表现为四个方面,即生态系统理论契合"立德树人"的理论同构,共同聚焦中学生校园欺凌防治的问题同域、与中国校园欺凌防治的顶层设计趋势相合以及 OBPP 家、校、区三位一体模式与积极心理健康教育"全过程、全方位、全员"三全宗旨的功效同一。

(一)理论同构:生态系统理论契合"立德树人"

OBPP 所基于的生态系统理论将校园欺凌问题的出现归因于校园整体氛围的不良生态,强调通过整个生态系统的防治策略实施营造校园欺凌防治生态环境。换言之,OBPP 希冀通过动员从个体到系统的多层面、全方位参与,为校园欺凌问题寻求"全员、全程、全方位"的干预模式。从此问题归因出发,实施生态系统观的欺凌预防措施已经超越单一校园欺凌防治模式只关注已参与欺凌或具有欺凌风险的群体的局限,通过从学校层面减少欺凌发生的可能性着手,多方考虑、统筹协调不同参与主体在学校欺凌防治中所可能承担的角色功能。通过本书所基于的试验结果发现,学校负责人在接受正规欺凌风险与危害培训后,提升了对欺凌后果的认识,通过完善相关学校规章严厉禁止欺凌发生，营造安全平和的校园氛围，并以此作为在“外防”方面对欺凌进行的预防与干预。就学生群体的内部环境而言，OBPP 亦关注学生群体对校园欺凌发生情形的正确辨识、对反馈机制的有效把握以及自我保护意识的有效提升。

此种强调环境与个人间互动的内生外塑的逻辑线索恰好契合党的十八大提出的“把立德树人作为教育的根本任务”。

党的十八大报告把教育放在改善民生和加强社会建设之首，充分体现了党中央对教育事业的高度重视和优先发展教育的坚定决心。报告对教育提出了一系列新要求、新论断，其中“把立德树人作为教育的根本任务”在党的全国代表大会报告中首次提出。中华民族是重视德育和志趣高尚的民族。“立德”为我国古代所谓“三不朽”之一，《左传》载有“太上有立德，其次有立功，再次有立言，虽久不废，此之谓不朽”。意思是，人生最高的境界是立德有德、实现道德理想，其次是追求事业、建功立业，再次是有知识有思想、著书立说。这三者是人生不朽的表现。把“立德”摆在第一位，是因为万事从做人开始。“一年之计，莫如树谷；十年之计，莫如树木；终身之计，莫如树人”，《管子》中的这段话说明我们的先贤已充分认识到培养人才是长远之计。“立德树人”思想既是对中华民族教育传统的继承与发扬，亦是对当今教育现实的关注与回应。“立德树人”是我国历代教育共同遵循的理念，亦构成 OBPP 与中国文化相联结的基础思想与重要衔接点。

“立德树人”的观念古来有之。在中国传统文化绵延数千年的历史中，儒家思想占据重要位置。儒家思想中关于“德由心生”的理念对中国思想教育史的发展具有深远影响。早在两千多年前，孔子弟子曾参在《大学》文中列出“格物、致知、诚意、正心、修身、齐家、治国、平天下”八目，其中“修身”的意思是：修己成人，不断提升自己的品德、气节、境界，成为“善人”“君子”“大丈夫”“圣人”；修己安人，在待人处事过程中，要设身处地为他人着想，“己所不欲，勿施于人”。儒家《大学》中所言“正心修身”其实质与“立德树人”异曲同工。

儒家传统思想将理想人格的定义概括为“内圣外王”。其中，“内圣”是前提，讲究“治身心之学”；“外王”是目的，追求“治世事之学”。“内圣外王”是通过内省修身来历练自我道德人格修养，其步骤为“格物、致知、诚意、正心、修身”。对于如何实现“内圣外王”这一理想的君子人格，儒家经典语录中有翔实描述。

儒家经典《大学》言：“古之欲明明德于天下者，先治其国；欲治其国者，先齐其家；欲齐其家者，先修其身，欲修其身者，先正其心；欲正其心者，先诚其意，欲诚其意者，先致其知，致知在格物。物格而后知至，知至而后意诚，意诚而后心正，心正而后身修，身修而后家齐，家齐而后国治，国治而后天下平。自天子以至于庶人，壹是皆以修身为本。”《大学》又言：“所谓修身在正其心者，身所忿懥，则不得其正；有所恐惧，则不得其正；有所好乐，则不得其正；有所忧患，则不得其正；心不在焉，视而不见，听而不闻，食而不知其味，此谓修身在正其心。”《孟子·公孙丑上》曰：“其为气也，至大至刚，以直养而无害，则塞于天地之间。其为气也，配义与道；无是，馁也。是集义所生者，非义袭而取之也。行有不慊于心，则馁矣。”王夫之曰：“孟子之论养气，曰‘配义与道’。养气以不动心，而曰‘配义与道’，则心为道义之心可知。以道义为心者，孟子之志也。”①

儒家经典语录中谈到，“格物、致知、诚意、正心、修身”是实现“内圣外王”必不可少的前提与途径。格物致知是正心诚意的主要前提，正心诚意是修身的必经途径。此处所言“正心”是保持端正的心态。何为不端正的心态？《大学》进一步解释道，内心存有愤怒，心存恐惧、心有偏好、心有忧虑的人，因其心思不专，虽看却没有看见，虽听却没有听到，虽食然食而无味，此类人均无法达到端正的心态。因此可以将“正心”理解为排除杂念，不受外界消极因素的干扰而始终保持心中净土。正心是修身之道中的重要因素。孟子将“正心”比为“正气”，强调正心的养成要靠正道与正义相佐。因此正心的“心”实则指“正义、道义之心”。正心修身是择善而行，将仁义存于心中，提高自我道德修为，使自我之心变为道义之心、仁义之心的过程。王夫之在评论孟子正“气”之道时再次肯定孟子的正“气”之道与《大学》中所讲的“正心”之道是相一致的，最终所言皆为修身之道。修身之正

① 转引自胡家祥：《志情理：艺术的基元》，百花洲文艺出版社2017年版，第13页。

心即为提高自身道德价值水平，树立道义仁义、正确正面的心态，始终保持积极健康的心理。

在现代社会，要在教育的过程中使受教育者形成正确的生活态度、思维方式、价值观念、道德理念。青少年是否具备良好的社会道德，关乎我国社会主义现代化的建设与发展。国无德不兴，人无德不立。立人先立德，这是从古至今不变的真理，是我国社会主义教育事业发展中必须解决好的根本问题。党的十八大报告提出要“立德树人”，坚强而有力地回答了这一事关党和国家前途命运的问题，具有里程碑意义。它抓住了教育的本质要求，明确了教育的根本使命，符合教育规律和人才培养规律，进一步丰富了人才培养的深刻内涵。党的十八大报告首次把“立德树人”作为教育的根本任务写进党的报告，可见任务之重，希望之高。

PBPP 联结 OBPP 与中国本土文化的纽带，正是中国传统文化与现代教育均重视的“立德树人”思想。儒家《大学》中所讲的“正心修身”之道即“立德树人”之道，是以道德规正自身的意识与言行，不因自身喜怒哀乐或外界社会的变化而阻碍对自觉内在向善意志的道德践履。因此，将儒家的修身归为立德的修为，将格物致知落实于树人实践中，浑然一体。换言之，正心之为是自我修身、完善道德的重要前提。修身之法需靠正心诚意的道德自觉与自律意志来推动实践。因此，PBPP 在将 OBPP 引入中国校园欺凌防治的问题情境时，以中华传统文化中的“立德树人”作为联结点，着手于创造有利于学生心理健康发展的积极环境氛围，实现与OBPP的生态系统理论观内应外合。具体而言，表现在以下四个方面。

第一，PBPP要求学生明确意义、端正态度，通过发挥自身主观能动性提高道德修养，借助情感与意志推动力将修身落实在实践中，实现理想的道德境界。此谓“欲修其身者，先正其心；欲正其心者，先诚其意”。同时，“正心修身”思想亦强调修身是发自内心理性自觉的行为，学生不应因情绪的干扰而影响到自身的正确判断与行为选择，否则就没有达到正心修身的状态。

第二，PBPP要求学生完善自我道德价值、提升自我道德水平，以道德价值标准来取舍自身言行，正心诚意对待他人，建立和谐的人际关系，认同“己欲立而立人，己欲达而达人”的道德标准。此一道德标准要求学生群体能够以“共情”之心态理解他者之境遇，在建构关怀的基础上，减少校园欺凌现象的发生。

第三，PBPP要求学生“为仁由己”，自觉培养自律意识，严于律己，宽以待人。当今的中学生多为独生子女，成长于“4＋2＋1”模式的家庭，即“四个老人＋独生家长＋独生子女”家庭中，这样的成长环境导致青少年容易以自我为中心而不注重他人感受，较为霸道，不善于与同伴相处。因此，PBPP强调的“立德树人”思想要求学生培养自律能力，严格规范自身言行，培养集体意识，积极参与社会活动，发挥自己的特长，在学校与班级中多组织集体活动，以积极的心态与同伴交往，树立合群、开朗的健康品格。

第四,PBPP 要求学生培养独立自信的人格。儒家提到的“格物、致知、正心、诚意”皆为修身之法,其目的是完善人格、健全自我,达到内圣的境界。然而儒家又强调入世之学,理想人格不仅要做到“内圣”,更要做到“外王”,即首先要洁身自好、端正心态、规范言行,但更要在社会生活中发挥正面影响,在同伴需要时勇于提供帮助。

将“立德树人”贯彻于 PBPP 的内容中,还需要把积极心理健康教育作为联结与落脚点。积极心理健康教育以“扶正祛邪”为根本,吸纳儒家文化中的“立德”的思想,强调修养品格首先要树立正面的心态。此外,积极心理健康教育还汲取《中庸》对积极心理的理解,强调正心应做到调节情绪、平衡心态。

《中庸》曰:“喜怒哀乐之未发,谓之中;发而皆中节,谓之和。中也者,天下之大本也;和也者,天下之达道也。”《黄帝内经·素问·四气调神大论》言:“是故圣人不治已病治未病,不治已乱治未乱,此之谓也。夫病已成而后药之,乱已成而后治之,譬犹渴而穿井,斗而铸锥,不亦晚乎。”

《中庸》所言强调情绪的表达应受到良好的调解与控制,方可符合身心健康发展的规律,符合自然的规律。欺凌行为可以看作是没有平衡与控制好情绪表达的产物,当自身心思端正、积极乐观时,校园欺凌就失去发生的土壤。积极健康品格的培养应遵循《黄帝内经》中治未病的思想,强调预防的重要性。应用于校园欺凌问题上，即应更加注重对问题行为的早期预防，不仅应当采纳已经证实有效性的干预措施，更应当面向所有成员，调整教师与学生的心理状态。积极心理健康教育认为，无论是心有愤怒的欺凌行为实施者还是心有恐惧的欺凌行为受害者，都没有能够真正端正心态，当学生从根本上做到“立德”的时候，校园欺凌就失去存在的基本条件，校园欺凌的早期预防便能够实现。

因此，PBPP 在内容中对“立德树人”的落实主要体现在对积极心理健康品格的培养上。积极心理健康教育理论在结合我国中学生一般心理特征与压力源特点的基础上，提出中学生需要重点培养的九项积极品质：爱、友善、信念与希望、谦虚、执着、真诚、宽容、创造力以及决策力（以下简称为“中学生九项积极品质”）。在具体实施中，积极心理培养视“全过程、全方位、全员”为宗旨，在实践中强调六项原则：第一，重视在不同时期对中学生不同积极品质的培养；第二，结合中学生生活与学习需求培养相应积极品质；第三，教育内容应注重体验，贴近中学生生活；第四，发动同伴群体影响，增强积极品格教育效果；第五，将积极品质培养内容渗透于学科教学中，如语文课培养“真诚”品质，体育课培养“友善”品质，数学课培养“创造力”品质等；第六，全员参与制定全方位多维度的培养内容，发动家庭、社区与学校，共同努力帮助学生建立积极健康的心理品质，例如家长应以身作则、班级应丰富活动、学校应营造氛围、社区应加强监管等。

PBPP 在学校、班级、个人、社区多维度的措施中贯彻"立德树人",强调学生应遵循严于律己、宽以待人的行事原则,提倡完善自我道德价值,培养积极品格,真心诚意对待他人,积极辅助他人,从源头上杜绝欺凌思想的产生,营造和谐的人际氛围,在一定程度上实现与 OBPP 所建基之生态系统理论的内在契合。

(二)问题同域:共同聚焦中学生校园欺凌防治

1983 年,挪威三位正值青春期的男孩由于不堪长期遭受欺凌自杀,为回应这起悲剧事件,挪威教育部开展大规模反欺凌运动,OBPP 得以建立。OBPP 主要面向的群体为 10 岁到 17 岁的青少年,其中尤为关注为中学阶段的青少年。OBPP 设立的目标是通过改善学校氛围与同伴关系,降低已发与即发的欺凌行为并防止新的欺凌问题产生。

积极心理健康教育理论同样聚焦于中学生群体的校园欺凌防治,在对象群体层面与 OBPP 统一。中学生处于青春期,因这一时期生理发展迅猛而心理水平滞后的不协调性以及该时期承担的较重学习任务与学习压力,中学生群体出现心理健康问题的比例日益增高。2014 年,中国教育科学研究院的"心理与特殊教育研究"课题组针对中学生展开调研。结果显示,在我国中学生中,年级越高,心理水平越差,在抽检到的中学生中,有 63.82%呈现出严重的学习焦虑心理,有 32%检出人际交往困难、抑郁、焦虑等心理问题,还有 22.72%存在严重自责倾向。

2017年,山东省进行的中学生心理健康调研显示,中学生的心理问题检出率高达56.7%。上述数据显现出我国存在心理问题的中学生比例较高的情况。在检出的心理问题中,最常见亦最突出的有学习压力过大、人际关系紧张、焦虑、抑郁等。此类心理问题的生成多源于中学生成长环境中出现的学业压力过大、家长过度关注以及同伴关系紧张而产生的负面情绪。

一般压力理论(General Strain Theory)认为,个体在压力之下会产生愤怒、抑郁、恐惧等负面的情绪,此类负面情绪会增加个体出现问题行为尤其是外显性问题行为的可能性。换言之,由于负面情绪的中介作用,压力会导致个体问题行为的发生率上升。一般压力理论中的压力源分为三类:第一,未能达到预期目标;第二,积极刺激源丧失;第三,消极刺激源出现。一般压力理论同时提出,如果个体具备恰当的应对机制,能够有效控制压力源,那么其出现问题行为的可能性亦会随之降低。用一般压力理论分析我国中学生欺凌行为归因,可以理解为中学生所处环境中的压力源,如学校学业成绩的压力、家长期望的压力、同伴相处的困境,催生出中学生的愤怒、抑郁、焦虑等负面情绪,而此类负面情绪增加了中学生实施问题行为,尤其是攻击性问题行为的可能性。如果中学生在产生此类负面情绪时,又遭受欺凌等伤害经历或存在问题同伴等消极刺激压力源,那么其自身实施问题行为的可能性便大幅上升。鉴于欺凌行为属于典型的攻击性问题行为,从一般压力理论来分析中国中学生欺凌行为，可以采用压力应对机制，控制负面情绪的消极中介作用，即建立积极的自我概念，保持积极健康的心理状态。积极心理健康教育强调"从消极被动、补救矫正向积极主动、预防发展"转化，面向全体中学生开展积极心理教育，鼓励中学生以积极的心态面对生活，培养健康的心理品质，保持乐观的情绪体验。积极心理健康教育在校园欺凌防治中强调提高学生对同伴关系的认识，摈弃以操控、利用为目的的同伴相处行为，转而将互帮互助、共同进步作为建立同伴关系的基础，从而减少欺凌行为的发生。

鉴于 OBPP 与积极心理健康教育皆视中学生为校园欺凌防治的主体，二者防治理念相融，能够协同合作，共同致力于应对校园欺凌。综上，PBPP 基于"立德树人"，以积极心理健康教育为落脚点，从中国学生压力源所带来的负面情绪与出现的问题行为入手，通过引导学生弘扬心中"正气"，祛除自身不良思想，培养积极健康心态，实现对校园欺凌的早期预防。

（三）趋势相合：适应中国校园欺凌防治的顶层设计之需

2015 年以来，随着越来越多欺凌事件进入大众视野，我国学者开始更加关注欺凌问题，校园欺凌研究文献发表量猛增。2016 年，国教督办函〔2016〕22 号文件要求各地区就校园欺凌问题进行专项治理，首次从国家层面提出校园欺凌防治。2016 年底，教育部印发教基〔2016〕6 号文件，对校园欺凌的防治提出规范化建议。时任教育部部长陈宝生在十二届全国人大五次会议答记者问时强调，针对校园欺凌问题，中国需要树立法治思维，加强国际合作。以上治理意见与指导方针彰显了国家对校园欺凌问题防治的决心。因此，将在国际上有近 40 年实践经验，运行于欧美多国社会体制，亦适应南非、中国香港教育制度的 OBPP 引入中国内地并加以本土化改良，最终创建 PBPP，是顺应中国校园欺凌防治顶层指导的举措。

国教督办函〔2016〕22 号文件中提到六项主要治理目标："加强法制教育，严肃校规校纪，规范学生行为，促进学生身心健康，建设平安校园、和谐校园。"其中，加强法制教育与严肃校规校纪是 PBPP 学校层面措施的主要治理目标。

第一，加强法制教育主要体现在以法制副校长为主的法制系列讲座的开展。PBPP 将法制副校长的工作内容更加细节化，将法制系列讲座作为法制教育的重点工具。讲座内容由专门干警编制，遵循学生心理，循循善诱讲解欺凌与法制的现实案例，如利用网络游戏讲解电信欺凌等，深受学生欢迎。为配合 PBPP 的法制教育，法制教育宣讲团队制作微电影，通过真实欺凌案例警戒学生欺凌的危害与后果。通过构建三个课堂——学校管理人员课堂、在校生课堂、家长课堂，形成法制教育的稳定三角，保证法制教育有力有效进行。法制教育系列讲座为学校提供欺凌处理"六步法"干预措施，PBPP 将其拓展，结合积极心理健康教育，形成PBPP校园欺凌干预核心模式——“七步干预法”。

第一步，全面核实事件经过。

第二步，开展围观者调查。

第三步，及时实施干预。

第四步，做出处罚决定。

第五步，提供必要的心理辅导与干预。

第六步，努力促成双方和解。

第七步，适时进行回访帮扶。

“七步干预法”的落实为学校欺凌问题和学生冲突的解决提供必要的程序参照。

第二，在严肃校规校纪方面，学校针对衡量学生问题行为制定更加细节化的规章，较原有校规更加严格亦更加人性化。校规的变革是PBPP重点关注的目标之一。细致的校规使教师在处理问题事件时更加有的放矢，使学生在日常言行中更加谨慎。PBPP对完善校规尤为重视，小到迟到早退，大到欺凌行为，均有规章细则指导，且较之前校规更加严厉。例如，对于学生迟到早退类较小的问题，按照校规统一规定，偶尔迟到者视为无意可免于受罚，迟到三次者视为故意迟到，需接受处罚，具体处罚措施由各班制定，但必须以校规校纪为根据。对于学生间争执或者打闹引起的较大问题，班主任需向年级主任汇报，按照学校判定标准与统一措施进行处罚，严重者给予校纪处分。严格的校规校纪能够在学生群体中形成正面压力，使学生难以随意实施欺凌行为，从而防止冲动型、任意性欺凌行为的发生。

在学校张贴新制定的校规，并专门组织学生学习。在班会中，班主任教师就不同问题强调新校规校纪，加深学生印象。

第三，依纪依规进行处罚，三级会审判定情节。当学生发生冲突时，学校依问题行为的程度与性质不同按照校纪校规给予不同处置措施。对于程度较轻的或者争执引起的，事后学生充分认识到错误的问题行为，主要以检讨的方式处罚。检讨应写明事件的起因、经过、结果、改过思想，补救措施，并以书面正规形式上报级部主任。对于情节较重，存在肢体碰撞的问题行为，在接到班主任报告后，在年级班主任会上由班主任、级部主任、德育处主任三级会审对该生的处罚措施。对于情节尤为严重的问题行为，由班主任教师上报德育处，德育处根据校规给予严重违纪处分。处分单列有学生班级、姓名与处分缘由，张贴于公示牌上，以全校通报的形式对全体学生形成威慑。此外，在校级大会上，由德育处处长通报处分名单，以达到警示全员的目的。在受到处分的学生中，处分较轻者如果能够积极改善自身言行、定期写思想报告，在班主任持续追踪观察中没有再次出现问题行为的，处分可以撤销或减轻；已经被通报，却屡错屡犯的学生，将受到更严肃的处罚。对于学生间发生的严重肢体冲突以及性质恶劣的欺凌行为采取“零容忍”政策，一经发现，立即开除。严肃的校规校纪与完善的行为审核制度要求学生建立规则意识，始终保持自身言行符合合理合法的规范，为校园欺凌的防治营造积极的情境因素。

（四）方法同功：三位一体模式与三全宗旨的殊途同归

OBPP 以生态系统理论为基础，以“全校、全员、全面”为宗旨，以改善校园氛围为目标，从学校、班级、个人、社区多维度同时着手，通过发动学校教职工、家长、社区的三位一体协作达到校园欺凌的有效预防与干预。具体而言，在学校教职工方面，明示欺凌后果，制定反欺凌校规，强调安全平和的校园氛围的重要性，推行欺凌主题班会与讨论。在家长方面，关注学生欺凌早期预警信号，预防青少年使用不当手段控制他人。在社区方面，社区成员共同努力为学生营造和谐的生态环境来减少欺凌发生。这种“三位一体”的校园欺凌预防与干预模式与积极心理健康理论的“全过程、全方位、全员”之“三全”宗旨相辅相成。

积极心理健康教育理念强调“全过程、全方位、全员”参与，要求家长、教师与学生均接受积极心理健康教育。只有当家长持有积极的心态时，才能以健康向上的方式对待其子女。只有当教师抱着乐观秉正的态度时，才能以积极和蔼的方式对待学生。家长与教师积极向上的人生态度又会进一步感染学生。此时，学生既在接受积极心理健康教育，又感受到积极健康的心理氛围。为此，积极心理健康教育强调三个方面的措施：其一，注重教师的心理健康教育技巧及其本身的心理健康。鼓励教师树立主动关心学生心理健康的意识，在教育教学中加强积极健康心理培养方法与技巧的运用。此外，学校也应更加关心教师的心理发展，协助教师积极面对压力，调节自身情绪，以积极的心态面对教学活动与学生群体。应为教师建立心理咨询、心理援助机制，配备专业心理疏导教师，加强教师间的沟通，保障教师心理健康。其二，打造“幸福”的课堂氛围。课堂是学校教学生活的重要组成部分，是教师与学生沟通的主要场域，幸福的课堂氛围反映出师生共享的积极乐观的人生态度，能够更好地展现班级管理的核心价值。其三，注重培养学生的幸福感。学校应当认识到学生的不同优势，积极促进学生的全面发展，鼓励学生将自身优势最大化，帮助学生获得更加幸福的学校生活体验。综上，学校面向全员，在学校生活的全过程，全面实施积极心理健康教育，为学校教职工与在校学生共同创造良好的物质、人际、心理环境，增强了学生在学校的幸福体验。

OBPP之“三位一体”机制与积极心理健康教育之“三全”宗旨，为PBPP“内预外防”模式的实施机制提供有价值的参考。PBPP结合OBPP与积极心理教育的理念，将“三全”宗旨拓展为“全校、全员、全面、全过程、全方位”的“五全”防治宗旨，发动家、校、警、区建立“四位”校园欺凌防护网，形成PBPP之“四位五全”联动机制。在实施PBPP各个阶段的各个层面中，均有校警联合、校区监督、家校合作、家警跟踪等方面的具体体现。具体措施包括：法制副校长在全体师生中举行欺凌风险与应对讲座，全面普及欺凌知识，在全校公布反欺凌校规，全过程营造和谐友爱校园氛围；全员参与欺凌防治，包括教师在班级中开展主题班会讨论；家长在家庭中制止青少年使用操控性手段；社区通过为学生营造和谐的环境等措施减少欺凌发生。PBPP 结合 OBPP 与积极心理健康教育的实施宗旨，更有效地协助学校应对已发的校园欺凌问题并预防再发。

PBPP 兼具 OBPP 广泛性、针对性、专业性、适行性、全面性、推广性等多方面优势，加入“立德树人”思想与积极心理健康教育之本土化理论内涵，在营造和谐校园氛围的同时，培养师生与家长正直、积极、健康的品格，把校园欺凌的应对从消极被动地补救矫正转化为积极主动地早期预防，为从根本上长期有效地抑制校园欺凌提出一条本土化的道路。

二、OBPP 的本土化形塑目标

OBPP 的内容与基于“立德树人”的积极心理健康教育相结合，改良为本土校园欺凌防治模式——PBPP。PBPP 基于学校、班级、社区等生态系统之间的有机互动，构建适用于中国现实情境的校园欺凌预防与干预机制。PBPP 的本土构建，从“知”“情”“意”“行”四个方面，将积极心理健康教育提出中学生应具备爱、友善、信念与希望、谦虚、执着、真诚、宽容、创造力以及决策力九项积极心理品质的培养贯穿于校园欺凌预防与干预的教育活动之中，以此达到外御欺凌行为、内防欺凌心理的目标，实现欺凌预防与干预的双重效果。

本书的重点问题是就校园欺凌预防与干预的参与主体中学生而言，如何通过PBPP形塑自身的反欺凌意识与能力。对这一问题的正确解读能够明确PBPP在实施过程中基于参与主体视角的效果目标，深化PBPP视域下中学生所应具备的知识与能力、技能与方法，以及情感、态度与价值观目标。具体而言，PBPP所诉求的中学生群体形塑目标主要包括四个方面：第一，认知欺凌且理性辨识欺凌的知识目标；第二，敢于说不且乐于帮助受欺者的情感目标；第三，正心自律且积极向善的意志目标；第四，不发起不参与且坚决抵制的行动目标。

（一）知识层面：理性辨识欺凌

PBPP通过家庭、学校、社区等多方主体的参与互动，为教师、学生、家长群体讲授关于欺凌预防与识别的基本知识，帮助学生明确欺凌的特点、类型及可能的发生情境，使其能够明确辨识是否处于欺凌事件之中。此外，增强各群体正确应对欺凌的知识储备，从而能恰当处理与积极抵制在家庭、学校及社区场域发生的欺凌行为。具体而言，在知识层面中，学生需要具备的反欺凌基本知识包括以下两个方面。

1.有效欺凌行为辨识的常识

在接触专业校园欺凌知识指导之前，一般中学生对欺凌的了解仍比较浅显。对于欺凌行为与打闹行为的区别界线并不明确。这在一定程度上反映出中学生对"何为欺凌"认识较为模糊。对于家长与教师而言,仍存在以直接行为后果判断欺凌性质的思维倾向。对此,有必要加强以上三类群体对校园欺凌的常识教育,帮助其厘清网络互动、人际互动等过程中可能存在的欺凌越界行为。

对欺凌行为的辨识认知包括但不限于校园欺凌的概念、类型、特点、常见情形、恶性影响、恰当应对措施等。中学生群体通过这些常识的学习,能够有效指导自身行为,强化正心修为,明确欺凌行为对受欺者所带来的心理及生理影响,进而反身自省,减少欺凌行为的发生。对于受欺者而言,掌握辨识欺凌行为的常识,能够在欺凌发生之前远离欺凌者,避免暴露于欺凌高风险场域,或者在欺凌发生之后能够积极寻求重要他人的帮助,以此来减少校园欺凌对自身的负面影响。

2.欺凌应对的自我保护认知

当欺凌行为发生且受欺者无力反抗时,弱势学生群体需要习得自我保护的必要知识。此类知识的获得有助于弱势群体积极应对校园欺凌,由面对欺凌的无知、无助、无为转变为会预防、懂应对以及能够积极寻求重要他人的帮助,进而最大限度地减少校园欺凌对自身造成的负面影响。

欺凌应对的自我保护认知包括三个层面:第一,避免冲突升级的自我保护知识。身处欺凌情境中,受欺者需要积极采取必要措施避免冲突升级，最大化减少恶意攻击。如遭受身体欺凌时，勿针锋相对，尽快撤离事件中心区域，寻求他人帮助。如遭受语言欺凌时，立即制止对方言行，或者选择欺凌“软着陆”，通过岔开话题，转移注意力等方式，避开欺凌攻击。第二，寻求他人帮助的自我保护意识。鼓励受欺者积极寻求家长、教师、同伴等重要他人的帮助。尤其当遭遇直接身体欺凌时，应尽快把握时机，及时寻求重要他人的帮助；欺凌发生之后，要及时将自己的遭遇告知重要他人，避免由于恐惧或欺凌者的恐吓而默默忍受，由于无人帮扶导致欺凌再发。第三，消解欺凌后续影响的自我保护知识。欺凌发生之后，需要积极通过心理辅导、身体康复等手段，帮助受欺者摆脱校园欺凌带来的心理创伤与生理伤害。消解欺凌的后续影响既需要家长与教师主动关注受欺凌群体，也需要专业教育者积极引导受欺凌群体树立正确的认知观念，修炼强大的心理防线，在再次遭遇欺凌时勇于直面回击。同时，避免受欺者因内心压抑情绪无处宣泄，转而附加于其他弱势个体，从受欺者转化为欺受皆有者。

知识层面的反欺凌教育可以帮助各方正确应对欺凌并实现校园欺凌的干预与预防。一方面，强化中学生群体对校园欺凌问题的认知，通过“立德”的认知发展，从思想源头减少校园欺凌的发生率。另一方面，当欺凌发生时以及发生后，受欺者能够习得自我保护的相关知识，避免欺凌行为的升级与负面影响的聚集，为学生积极心理健康发展提供必要的知识基础。而家长与学校教职工对欺凌的明确认知与恰当处理是欺凌事件得以妥善解决的关键所在。

(二)情感层面:实现共情互助

面对校园欺凌问题,知识层面的学习能够帮助中学生厘清校园欺凌的类型及特征,增强对校园欺凌问题的理性辨析能力,但知识学习并不能直接转化为行为与实践。情感要素作为非常重要的内在因素,关乎中学生能否对校园欺凌大声说"不",也涉及其能否积极帮助同伴摆脱欺凌遭遇。概言之,中学生对校园欺凌应对的情感认同在很大程度上制约着该群体从知识理解到行为实践的转化效度。

本书所架构的 PBPP 注重对中学生反欺凌情感的培育,力图培育基于共情互助立场的情感共鸣与价值认同,强化中学生理性面对校园欺凌的情感力量。在情感层面,PBPP 试图通过三大目标的达成来建构中学生应对校园欺凌的情感基础。

1.悦纳同伴,获得亲密伙伴的情感支持

校园欺凌行为的发生与同伴群体间的群体同化与群体异化过程存在较大关联。为此,有必要积极引导中学生群体悦纳同伴,形成亲密的伙伴关系,进而建构预防校园欺凌的情感支持系统与价值认同谱系。具言之,在群体异化方面,可以通过悦纳同伴的多元差异,包容不同个体的价值选择与意义系统,形成"和而不同"的价值共识,减少由于观点相左、价值观相异等问题导

致的校园欺凌事件。在群体同化方面，悦纳同伴也意味着与积极同伴形成亲密的组织关系，建立共同体意识，强化同伴之间的情感支持，共同抵制校园欺凌的发生。

悦纳同伴的情感目标达成需要在班级、学校场域之内营造积极向上的校园氛围，为中学生建立情感的深度交流与沟通机制，促进伙伴之间的相互理解、相互沟通、相互尊重。在此基础上，建立积极友爱的平等伙伴关系，避免因权力地位的差异所造成的群体对个体、个体对个体的校园欺凌行为。此外，亲密伙伴关系在预防校园欺凌发生的同时，对校园欺凌的干预亦有重要价值。在群体中寻求帮助、在群体中获得情感支持，有助于受欺者积极应对校园欺凌。

2.敢于说不，培育应对校园欺凌的勇气

面对校园欺凌，中学生要具备敢于说“不”的勇气，这是PBPP 倡导的重要教育理念。由于校园欺凌的权力非平衡性特点，遭受欺凌的弱势群体难以在校园欺凌萌芽之时坚决表明自身的态度与立场，在校园欺凌发生之后亦惧于告知家长或教师，这在一定程度上延误了教育纠偏的契机，影响了校园欺凌防治的效果。对此，PBPP 主张在情感层面培育中学生群体面对校园欺凌的果敢与勇气，提升反校园欺凌的底线意识与自我保护意识，以正面积极的态度与情感应对校园欺凌问题。

培育对校园欺凌说“不”的勇气，需要注重两个维度的情感教育。一方面，在校园欺凌未发生之前，坚决拒绝被裹挟到校园欺凌行为之中。对欺凌者而言,在实施欺凌之前应重新审视自身行为,合理疏解欺凌他人的情绪冲动,理性进行个体情绪表达,避免问题升级。对受欺者而言,要敢于拒绝欺凌萌芽阶段的言语及情绪挑衅行为,寻求更加合理的交往方式。对于旁观者而言,要积极主动施以援手,敢于帮助弱势群体摆脱欺凌困境。另一方面,校园欺凌发生之后要敢于向重要他人寻求帮助。遭受欺凌之后,受欺者要克服惧怕打击报复的恐惧心理,主动向他人寻求帮助,敢于检举、揭发欺凌者的问题行为。对欺凌者而言,则应引导其主动向教师、家长等群体进行汇报,反思检视自身欺凌行为,强化为自己行为负责的担当与勇气。

3.共情互助,倡导基于爱与宽容的换位思考

在应对校园欺凌所需的情感准备中,基于爱、友善、宽容、真诚等积极品质建立的共情体验可以在情感层面较为有效地破解欺凌者与受欺者之间的情感认知壁垒,使欺凌者在换位思考与共情认同中理解欺凌行为给受欺者所带来的巨大心理创伤。情感场共鸣、同感共受等方式能够使主客体之间建构较为一致的情感品质。在校园欺凌的情感层面,通过建立一种真正的共情关系,搭建起欺凌行为施受主体之间的情感体验桥梁。

因此,在中学生校园欺凌行为的防治教育中,应该注重两个维度的共情体验。一方面,积极鼓励中学生群体站在校园欺凌的施受主体双方立场上,理性思考校园欺凌的负面影响。通过情绪放大机制、情绪强化机制以及情绪共享沟通机制等策略,帮

助中学生借助具体案例，深入思考校园欺凌带给个体的负面影响。在达成情感认知共识的基础上，有针对性的增强欺凌者在实施欺凌行为时的愧疚情绪，减少可能的欺凌行为。另一方面，激发同伴群体对欺凌参与主体爱与友善的积极引导，使其能够时刻感受到和谐友爱的群体氛围。对于潜在的欺凌者而言，集体所孕育的爱与友善等积极情感能够减少其实施操控性互动行为的频率，亦能减少可能的欺凌行为。对于潜在的受欺者而言，同伴关怀有助于排解受欺后的心理问题，在和谐、积极、乐观的群体氛围中，最大限度地减轻已发欺凌带来的心理创伤。

概言之，正如朱小蔓教授在《情感教育论》中所言，情感是支持个体德性的内部动机系统，是教育产生抵达心灵、孕生精神效能的必由之路。经由情感层面的悦纳同伴、勇敢表达与共情互助，PBPP试图为中学生反欺凌品质奠基重要的情感体验基础，不断提升校园欺凌防治"德由情生"的教育实效。

（三）意志层面：培养内圣外王品质

PBPP试图在意志层面秉承"立德树人"之精神，通过"正心修身"培育中学生群体"内圣外王"的意志品质，使其在校园欺凌面前能够发挥德育文化之精神要义，丰盈自身的意志境界。具体而言，PBPP意志品质形塑目标可以通过以下两方面的解读加以简要理解。

1.内圣:树立德心

在端正心态方面,PBPP 强调不为外界的影响而左右,始终坚守自身道德底线,不因愤怒、恐惧、忧虑、喜好而动摇。PBPP 要求学生提高自身道德修为,从自我出发,自觉导向合理有序、文明雅致的表达方式与行为处世模式。对于欺凌者而言,坚持对底线原则的恪守,对规则意识的遵循,由此实现"不逾矩"而行,减少校园欺凌发生的频率。对于受欺者而言,不因恐惧而怯于应对,不因忧虑而羞于启齿,在遭遇欺凌行为时勇于说不,积极求助,努力摆脱弱势地位。对旁观者而言,坚守自我价值与处事模式,不因情境改变而摇摆不定,勇于抵制欺凌行为,帮扶受欺者,坚守底线,防止因袖手旁观而成为校园欺凌传播链中的新生一环。

2.外王:修正言行

在修正言行方面,PBPP 强调个体行为表达的克制与自律。所谓克制与自律,是对校园欺凌保持足够的警醒,当个体产生欺凌思想萌芽的时候能够及时加以规约与反省,实现克己复礼、求仁向善。无论是公开、直接的身体欺凌与言语欺凌,抑或是隐蔽、间接的社交欺凌与电信欺凌,都是欺凌者没有做到时时保持自律、放松对自我要求的后果。故此,克制自身欲望、复归行为理性、避免心态与言行随情绪起伏而波动是应对校园欺凌问题的内在省视之路。

（四）行为层面：反欺凌的策略赋能

中学生群体在习得反校园欺凌的知识、历经校园欺凌的情感体验以及端正心态修正言行之后，仍需在实践行动中践行反欺凌品格与精神。欺凌行动是多元主体、多重因素共同造成的。个体在面对校园欺凌时的行为选择亦是一个充满心理博弈与判断的过程。PBPP 诉求的反欺凌目标最终落实在行为层面上，在应对校园欺凌的过程中，需遵循以下三点策略要求。

1.守底线，不发起或参与欺凌

解决校园欺凌问题的根本之策在于创造一个共同抵制欺凌行为的校园氛围。这就要求校园生活中的每一位参与者都需要秉持底线原则与必要的规则意识，不参与或发起任何一种类型的校园欺凌行为。在 PBPP 视域中，坚守底线是最基本的行为规则与要求。守底线意味着中学生需要遵循“立德树人”的基本要求，采取更为合理的行为表达方式，建立更加理性的交往关系，在与同伴相处的过程中获得基于爱与友善的高级心理体验。

在校园欺凌事件发生时，行为主体做出不主动发起且不被迫参与欺凌的行为决策建构在中学生长期形成的群体自身价值认同与情感体验基础之上。在解决校园欺凌问题的过程中，基于对欺凌类型及特征的理性辨识以及必要的共情体验，PBPP 要求中学生在行为中遵循两点基本要求：第一，不发起任何形式的校园欺凌。校园欺凌一旦发生，无论其情形轻重、影响深浅，都会对同伴关系起到消极作用，对同伴群体产生恶劣影响。因此，学生应时刻坚守道德与行为底线，不主动发起欺凌。第二，不参与任何形式的校园欺凌。相对于主动发起者，校园欺凌的加害协助者更应引起重视。从看客的作壁上观到裹挟参与其中，参与者因当下情境因素或自身思想作祟而协助欺凌者实施的欺凌行为，对同伴群体的整体反欺凌意识与行为的发展均带来极为不利影响。故而，学生应坚决杜绝在欺凌事件的任何一个阶段，因任何原因参与其中。

2.明方法，主动抵制与疏解欺凌

在校园欺凌防治的教育行动之中，PBPP 积极引导中学生群体掌握合理、有效、可行的反欺凌方法与策略，以此来提高学生主动抵制欺凌的技能并降低校园欺凌发生的概率。防治方法的习得与应对技能的获取有助于中学生提高应对不同类型校园欺凌的能力，使其能够在相似情境的预演与学习中选取适合自身的反校园欺凌策略并迅速应用于实践，及时从可能的校园欺凌情境中脱身而出、自我保护。

中学生群体应对校园欺凌的具体措施必然因个体差异而有所不同，然而在 PBPP 视域下仍具有一定的共性。这种共性表现在三个方面：第一，注重合作而非独自应对。当校园欺凌发生后，受欺者应该充分利用集体力量形成自身保护网，通过群体中的同伴力量获得积极有效的支持。此类合作对象既可以是亲密的同伴，也可以是教师，更可以是家长。PBPP 之所以强调合作关系、关怀关系的建立，根源在于欺凌不是个体单方面的事情，更是群体成员间不良互动的问题。因此，应以群体形式来面对。第二，敢于反抗而非沉默受欺。面对欺凌，受欺者的积极反抗是阻止欺凌二度发生的有效力量。敢于反抗不仅仅是情感层面的重要指标，更是行为层面的基本要求。施加欺凌者多从欺凌中获得价值认同或权力资源，如果受欺者沉默懦弱，不敢与其抗争，自然会强化施加欺凌者的成就动机，继而引起欺凌的再度发生。因此，面对欺凌，PBPP鼓励学生敢于用行动维护自身的合法权益，向欺凌者表明自身立场。第三，及时应对而非延迟反馈。欺凌发生之始至欺凌行为结束，受欺者要及时向重要他人求助，重要他人需要秉持现时性原则，及时予以援手，及时解决欺凌问题，帮助受欺者摆脱欺凌遭遇所造成的负面影响。

3.善求助，积极寻求重要他人的帮助

为帮助中学生明确遭受校园欺凌后如何更好地加以自我保护，PBPP强调积极关系支撑的重要性，即为其营造全面立体的求助路径。当中学生群体发生欺凌后，在求助重要他人时有三点基本要求。

首先，在求助对象上需要明确信赖群体。家长、教师、学校管理人员、干警、亲密同伴等群体，都可以成为中学生经历校园欺凌后值得信赖的求助对象。但这种信赖并不是天然而成的，而是需要信任双方的共同努力逐步创造与维持的。信赖是一种重要情感联结，是内心情感与思想理念亲密性的表征。所以

PBPP 特别强调同伴、教师、家长、法制副校长等群体建构基于共情体验的信赖关系,为学生寻求帮助提供信赖基础。

其次,在求助方式上要恰当表达合理诉求。受欺者在寻求帮助的过程中要判定事件情况,确定欺凌事实,提出合理的个体诉求。对此,PBPP 运用积极心理健康教育理论规范求助者的诉求表达,使其能够合理阐述自身诉求,及时获得适宜帮助。

最后,在求助时机上要秉承及时性原则。正如上文所言,当欺凌发生后,需要立刻启动校园欺凌防治预案,学生群体需要及时向重要他人汇报校园欺凌情形,以便及时有效地解决校园欺凌问题。

三、OBPP 的本土化路径

在将 OBPP 引入中国的过程中,为使其更加适应中国国情特点与校园欺凌现状,将 OBPP 内容与"立德树人"思想相融合,以积极心理健康教育理论为先导,从重构校园氛围,构建全校反欺凌共同体,家、校、警、区联动协作与全面培养积极品格四个维度积极探寻与推行 OBPP 的本土化。

(一)重构校园氛围,创设和谐生态

多年研究结果证实,校园氛围对学生各方面表现的影响可以不受个体特点与家庭环境的左右而单独发挥作用。积极的校

园氛围能够强有力地激发学生的学习热情，能够抵消不良社会背景对学生学业造成的负面冲击，能够降低攻击、骚扰行为的发生率，能够有效保护学生的学习环境，促进其健康成长。

校园氛围与欺凌发生息息相关。在学校场域之中，学生能够被整体环境氛围所影响，进而可能改变自身行为特征，如不良的校园氛围可能造成学生态度刻薄、冷酷，经常欺凌他人，或者情绪悲伤、焦虑，性格孤僻，以上特征均与欺凌者、受欺者与欺受皆有者的行为特征非常一致。因此，校园氛围对欺凌事件发生率具有较强的扬抑作用。由美国疾病控制与预防中心发起，超过4000所学校参与的校园氛围调研显示，和谐的校园氛围有利于降低风险行为的发生率。已有研究表明，在切实执行校规的学校中，学生报告欺凌的数量较低，主动寻求帮助者较多，师生对学校的印象更积极。在教师尊重校纪、爱护学生，处罚学生不偏不倚的学校中，学生安全系数较高。因此，当学校的管理者与教师为学生创造的环境是通过努力学习、承担责任来获得成就与自信时，或者学校组织有序，对不良行为采取零容忍政策时，生生互动相对更加融洽，欺凌发生的风险性降低。换言之，和谐的校园氛围可以成为反欺凌的重要保护因素。

学校范围内的欺凌预防与干预机制的实施需要依托于学校整体生态系统所创建的良好氛围，通过强化学校整体氛围能够降低欺凌风险因素，收到很好的反欺凌效果。为此，PBPP从校园氛围入手，以改善学校生态环境为主要目的，采取自上而下、从学校到个人的欺凌预防与干预措施，从各个层面发动学校教职工、家长、学生、社区、警力的协调与合作，重建儿童的校园社交环境，降低欺凌行为发生的可能性并消除参与欺凌的积极效果，从而达到欺凌的有效预防与干预。

PBPP 改善校园氛围措施中最核心的是制定反欺凌校规校纪与监控体系。因此，实施 PBPP 的学校在制定反欺凌校规校纪、明确奖惩机制方面，需符合 PBPP 强调的四项基本原则。

原则一：不欺凌他人。

原则二：尽力帮助被欺者。

原则三：尽力容纳被忽视的学生。

原则四：及时向重要成年人报告。

在上述四项原则的基础上，PBPP 要求学校建立较为完整的监控体系，对欺凌高发区域展开监管。针对欺凌高发区域学生多、教职工少以及在场校职工权限较弱等特点，学校安排教职工定点定时巡视。在监控的主要区域，如走廊上，要求教师在上下课时于走廊中站立观察；错开高峰时段，减少大量学生同时出现于走廊的情形。在食堂里，安排教师陪同学生用餐，间隔不同年级学生用餐时间段，餐桌椅摆放尽可能避开教职工监控不到的盲点区域，安排学生形成互助小组，尽量不单独用餐。学校避免将洗手间设置在偏远的地点，在使用洗手间时，禁止学生锁闭大门，安排教职工在附近区域巡查。在校车上，将反欺凌规范张贴于校车中，对校车司机进行 PBPP 培训，安排志愿者监管校车中的学生行为，为学生安排乘车互助伙伴。此外，在学校功能布局中，封闭不使用的隐蔽区域，在走廊中安装镜子减少盲点区域，以及移除室外围栏、草丛等可藏身的遮挡物。监控体系通过考核教职工的态度与职责能力、改良学校空间设计布局以及加强危险区域监控措施与巡查频率，有效减少欺凌的发生。

此外，PBPP还强调教职工尤其是班主任教师在改善校园氛围方面的参与。首先，级部主任参与反欺凌校规校纪制定，接受欺凌辨识与应对指导。其次，级部主任在级部会议中将学校层面的校园氛围政策传达至每位班主任，然后由班主任将PBPP内容进一步渗透到班级中，营造积极和谐的校园氛围。班级层面的重要措施是在班级内张贴学校反欺凌校规校纪。将学校规章张贴于教室内便于学生参照规范自身言行，便于教师运用一致的奖惩办法对待学生。对于学生的积极行为，教师可以按照校规内容酌情给予嘉奖。对于学生的不良行为，可以按照规章进行惩罚，惩罚内容随情节轻重依次为口头批评、谈话、剥夺特权、赔偿损坏、密切监控、通知家长等。对学生校园欺凌行为的惩罚需要做到适合学生的年龄、性别与性格，并坚持"对事不对人"的原则。最后，为不断加强校园氛围的改善效果，PBPP成立教职工讨论组，定期探讨PBPP实施细节，总结欺凌现状与预防措施效果，并制定下一步干预方案。

总之，PBPP强调，营造和谐、积极、友爱的校园氛围能够降低学生不良行为发生率，增加学生安全感，提升学生社交技能，提高学生学习成绩，减少欺凌行为发生，是欺凌防控中极为重要的环节。概言之，PBPP 对欺凌的防治从校园氛围入手，通过自上而下、从学校到个人的欺凌预防与干预措施对学校整体氛围进行改善，从而取得更好的防治成效。

（二）强调全校参与，形成反欺凌共同体

具备积极成效记录的欺凌防治方式一般可以分为两类：一类选择在单一层面防治欺凌。这一类别有从教师方面着手，通过培训教师欺凌干预技巧以应对欺凌的，如“欺凌捕捉项目”；有从班级层面着手，通过指导教师改善班风防治欺凌的，如“欺凌防控项目”；有从人际关系着手，通过普及积极人际交往技巧预防欺凌的，如“尊重之路项目”与“和谐卫士项目”。此类模式在改善欺凌方面取得的积极成效通常存在片面性。例如，针对教师的“欺凌捕捉项目”的主要成效是提升教师的欺凌应对技巧与信心；针对班级的“欺凌防控项目”的效果主要体现在班级学生出勤率上升以及班级同学间冲突解决率提高；针对人际关系项目的有效性主要体现为学生参与欺凌发生率以及学生间身体欺凌发生率的降低。另一类欺凌防治模式为“全校参与”类欺凌防治策略。这类欺凌防治模式的特点是从多个层面同时着手应对欺凌。此类欺凌的防治效果通常更为全面且长效，因此大部分学者与学校管理人员更加认可此类防治模式。在“全校参与”类欺凌防治模式中，OBPP 是创建时间最早、有效数据最丰富、实

施范围最广的校园欺凌防治模型之一。作为典型的"全校参与"类欺凌防治模式,OBPP从学校、班级、个人、社区多个层面同时进行欺凌防治。鉴于OBPP在校园欺凌防治方面的长期有效性,鲍尔称OBPP为"唯一可行的,在全校范围内适用的综合性校园欺凌防治模式"[1]。

从OBPP发展而来的PBPP亦属于典型的"全校参与"式校园欺凌防治模式,倾向于将欺凌视为学校整体生态环境出现缺陷引发的问题,因此对欺凌的防治秉持"全校、全面、全员、全过程、全方位"的"五全"宗旨,从学校、班级、个人、社区四个层面同时开展欺凌预防与干预工作。在运行中,PBPP不但关注学校整体的反欺凌措施,亦关注班级乃至个人层面的欺凌防控,以及学校与社区配合进行的欺凌预防措施。具体而言,这种欺凌预防措施表现在以下五个方面。

第一,教师是欺凌防治措施的主要实施者。PBPP认为,欺凌防治不可依靠单一个体或群体的力量实现,强调学校不应寄希望于学生自我减少或解决校园欺凌行为,教师应在校园欺凌的预防与干预工作中承担主要责任。不仅如此,全校全体教职工与管理人员皆应积极参与校园欺凌的干预与预防中,在欺凌防治中坚守自己的岗位,履行各自的职责,扮演恰当的角色。全

① N.S.Bauer, et al., "The Effectiveness of the Olweus Bullying Prevention Program in Public Middle Schools: A Controlled Trial", *Journal of Adolescent Health Official Publication of the Society for Adolescent Medicine*, 40(3), 2007, pp.266-274.

校教师、职工、管理人员只有联结合作,共同学习辨识欺凌行为,用一致的态度与政策处罚欺凌者,才能有效制止欺凌事件,更好地创建和谐校园环境与维护校园安全。

第二,全校参与,全面防治欺凌。PBPP 要求全校教职工对欺凌行为处理措施保持一致,全员统一。学校教职工在校园欺凌的防治中担任着不同的角色,其中班级教师是 PBPP 的主要执行者。从欺凌知识的普及到 PBPP 内容的落实,从班级群体结构的改善到反欺凌活动的组织,从欺凌报告的处理到欺凌事件的现场干预,都需要班级教师的亲力亲为。学校其他教职工则需要在班级教师视线之外的区域积极防治欺凌。无论是学校食堂的员工还是校车的司机,都应当在发现欺凌行为时立即制止、及时上报。PBPP 的成功实施不仅需要学校制定明确的反欺凌校规,更需要全体教职工的共同参与及统一行动。全体教职工积极投身于学校层面校规校纪的实施与反欺凌政策的落实,是 PBPP 全校参与的根本体现。

第三,全过程落实反欺凌教育。PBPP 要求学校按部就班地将反欺凌教育落实于日常学习生活中。PBPP 强调,校园欺凌的预防与干预工作不是一蹴而就的,需要融合在学校的每日课程、学生的每日生活中。仅靠几次培训,或许可以短暂地减少欺凌的发生,但是很难从实质上解决欺凌问题。PBPP 内容与各科课程安排有机衔接,除了班主任在班会中对 PBPP 内容的讲解外,任课教师亦可以将 PBPP 的内容穿插于课程中,通过耳濡目染的方式逐步将反欺凌的理念渗透到学生的日常学校生活中，营造和谐的班级与学校环境。

第四，学生与教师全员参与防治欺凌。学生与教师的共同参与是PBPP全校参与模式的主要体现。由于教职工在制定与实施欺凌防治规范时的决定性地位，有时对欺凌的防治工作会忽略学生群体的重要作用。PBPP的重要环节即帮助学生及教职工意识到欺凌与学校每个成员都有关。在欺凌事件发生时，在场学生应当积极、恰当地为受欺者提供支持。欺凌发生后，在场学生应尽快向相关教师如实报告情况。有能力的学生可以在教师同意的情况下为欺凌高风险学生提供帮扶。同时，教师应当对敢于阻止或干预欺凌的学生给予嘉奖，安排有能力的学生与弱势学生组成互助小组，共同抵制欺凌。教职工应带领学生共同努力，营造积极和谐的校园氛围。

第五，建立全方位欺凌防控体系。PBPP强调单靠课堂管理不足以解决欺凌，PBPP对欺凌的预防是全方位的。虽然井然有序的课堂是营造良好班级氛围的第一步，但是仅仅依靠好的课堂管理很难全面减少欺凌的发生。因此，PBPP强调要全方位防治欺凌，除了营造良好的班级氛围、监管班级内发生的欺凌行为外，对于在课堂与教师监控之外发生的欺凌事件，PBPP强调全体教职工的积极应对以及家长配合的重要性。为此，PBPP对学校全体教职工与家长进行欺凌辨别、应对等技能培训，并要求学校在监控体系布置中明确不同区域教师的职责范围及负责权限，使教职工发现欺凌行为时能够及时恰当地予以处理。对于没有成人在场的欺凌行为，学校学生应尽快、如实地向家中以及学校的重要成年人汇报。家长在接到学生欺凌问题报告后应及时与学校教师取得联系，反馈情况，保持沟通。通过教师、家长及各方的通力合作，逐步形成全方位的欺凌防治网络，减少漏网事件，是 PBPP 全校参与模式的体现，亦是其可以有效降低欺凌率的重要手段。

（三）秉持生态理念，注重家、校、警、区联动

PBPP 创建的核心理念之一是建立学校与社区为一个整体的观念，即要求学校发动全员参与校园欺凌防治工作。以生态系统观看校园欺凌问题，除学校中的同伴群体是学生的微观环境外，家庭亦是学生成长中至关重要的微观系统。以学校为校园欺凌发生的主要场域，那么学校所在的社区即是学生的外围系统，社区中的警力是外围系统中对学生法制教育与思维产生重要影响的因素。因此，PBPP 联合家、校、警、区，建立校园欺凌全方位防控体系，保证学生无论在家中、在上学放学途中还是在学校经历困难处境、遭受欺凌伤害时都能够快速得到重要他人的有效帮助。

为加强家校联合，PBPP 注重开展校级家长会以及相应的班级主题家长会，以学校家长会与班级家长会为先导，在家长中普及校园欺凌常识，培训欺凌早期预警信号识别，指导欺凌事件

应对技巧以及欺凌报告处理步骤，引导家长参与到校园欺凌防治中，与学校保持顺畅沟通，及时反馈欺凌信息，积极配合学校开展校园欺凌防治工作。在学校层面组织多项需要家长与学生共同完成的活动，在培养学生积极情感与健康品格的同时，使学生体会到父母之恩、手足之情，并将这种积极情感延伸至学校与同学相处的日常中。

为加强校区联合，PBPP主张在学校周边街道与游乐场等青少年聚集场所张贴欺凌知识与应对海报，提高社区成员的欺凌防治意识，在社区营造反欺凌氛围，以期通过对整个社区生态环境的改造对青少年行为形成正面压力，减少欺凌发生的情境因素。鼓励家长委员会代表发动社区成员为学校活动提供支持。如学校以培养学生九项积极心理品质为主要目标的“传统节日主题”系列活动，其顺利完成就需要社区的参与及配合。在校区共同参与中，学生体会到社区成员的爱与关怀，并将此类积极情感延伸至学校生活中。

为加强校警联合，PBPP主张从三方面开展学校与所在社区警力的合作。第一，在社区层面措施中重点邀请法制副校长及其指派的社区法制干警为全校师生与家长开展欺凌专题系列法制讲座，加大学校与社区的法制宣传力度。在学生中普及法制知识，提升法治意识，加强心理建设，培养学生人际互动与自我保护的技能等。第二，法制副校长参与学校欺凌处罚条例的制定工作，保证严重欺凌行为判定标准的科学性与惩治措施的规范性。第三，于欺凌高发时段在学校周边区域加强便衣巡逻，降低欺凌风险。具体措施包括：禁止未成年学生出入网吧、娱乐场所等高风险区域；鼓励家长多给予子女关爱，行使监护人权力，对子女加强监管，避免不管不问的情况发生。

为加强家警合作，PBPP 强调从三方面着手开展校园欺凌防治保障工作。其一，规范法制副校长的职责范围。强调学校法制团队成员在从学校获得问题学生名单后，应将其作为关注对象，定期走访学生家庭，了解学生的情况，关注家长是否存在监护缺位情况。其二，定期在学校开设法制干警家长讲堂，指导家长甄别欺凌行为早期预警信号，帮助家长应对学生问题行为。其三，PBPP 注重校外欺凌这一难点欺凌问题的干预，在校外欺凌风险区域安排家长志愿者以及便衣干警巡查监管，保护学生人身财产不受伤害。

概言之，PBPP 联合家、校、警、区，形成全方位欺凌防护网。在学校组织欺凌主题家长会、欺凌预警与应对指导家长会，鼓励家长及社区为学校组织的活动提供支持。在校外欺凌风险区域，如校车上、公园内及往返校途中，安排家长志愿者、社区居委会成员、学校教师以及便衣干警监管，保护学生人身财产不受伤害外。在社区，要求家长委员会成员与社区紧密合作，在儿童与青少年聚集区域宣传欺凌预防知识与方法，减少校外的欺凌发生率。在欺凌的预防与干预中，家长是学校的重要合作伙伴，警校配合是重要战略，家、校、警、区联动，形成校园欺凌防护网，是

PBPP 取得更好的欺凌防治成效的基础。

(四)内外兼修,全面培养积极品格

PBPP 视积极健康品格培养为内外兼修的基本途径。《中小学心理健康教育指导纲要》(2012 年修订)提出学校应培养学生积极向上、健康乐观的心理品质。PBPP 结合该指导纲要要求与积极心理健康教育理念,从“知”“情”“意”“行”“体”五个方面培养学生爱、友善、信念与希望、谦虚、执着、真诚、宽容、创造力以及决策力九项积极心理品质,此为 PBPP 的形塑目标。在此基础上,PBPP 强调“全过程、全方位、全员、全面、全校”参与,要求家长、教师与学生都接受积极心理健康教育。当家长抱有积极心态时,子女才能以健康向上的方式待人;当教师保持乐观秉正的态度时,学生才能以积极的方式处事。家长与教师积极向上的人生态度会进一步感染学生。在潜移默化中,学生不但接受了积极健康的心理教育,更感受到积极健康的心理氛围。学生通过提高自身道德水平,外御欺凌行为,内防欺凌心理,达到校园欺凌预防与干预的双重目的。

PBPP 以积极心理健康教育为“立德树人”的策略依据,具体实施涉及三大维度:

在学校层面,面向全校教职员工开展积极心理健康教育。当教师拥有正直健康的心态,积极地投入到教学中,在处理学生工作时不偏不倚时,其乐观向上的精神会潜移默化地对学生的言行举止产生正面的引导，促使学生以乐观积极地心态与同伴相处，从而降低欺凌发生的可能性。当教师明确反对欺凌时，学生亦会感知到教师的榜样作用而减少以欺凌为手段获得同伴威望的思想。

在班级层面，面向学生全员进行预防性的积极心理健康教育。帮助学生更好地了解与认知自我，树立自信心，培养集体意识，学会共情感受与恰当的情感表达，引导学生以积极的心态及方式与同伴交往，树立合群、开朗的健康品格，纠正学生使用不良甚至攻击性手段在同伴群体中建立威信的倾向，改良欺凌赖以繁殖的土壤，打消使用欺凌手段的念头，在欺凌行为发生前，遏制其思想的产生，用“治未病”的理念进行预防。

在社区层面，面向家长开展积极心理健康教育。在青少年的成长发展中，教师与家长是不容忽视的重要影响因子。研究显示，同伴、教师与家长三个影响青少年发展的关键群体对校园欺凌的态度能够促使或抑制青少年欺凌行为的发生。在社区对家长实施积极心理健康教育，培养家长以积极健康的心态对待子女，使青少年在家庭生活中能够感受到幸福与和谐，并将这一感受带入其学校生活中，以和谐乐观的心态对待同伴，而不再将欺凌作为同伴相处的方式之一，从而杜绝欺凌的发生。

四、OBPP的本土化实施维度

OBPP本土化模式之PBPP在实施维度上分为学校、班级、个人、社区四个层面，每一层面的措施均分为两个阶段开展，两个阶段的措施呈递进式深入。学校层面的措施以“内预外防”为根本，通过在外严肃校规校纪，在内塑造积极品格防治校园欺凌。班级层面的措施旨在调整班级学生群体成员关系与互动方式，通过建立规则意识，传播爱与友善精神，减少欺凌发生。个人层面的措施注重已发欺凌事件的应对，遵照“七步干预法”实施欺凌全过程干预。社区层面的措施强调通过建立家、校、警、区欺凌防护网，实现校园欺凌的全方位立体防治。

（一）学校层面：以“内预外防”为欺凌防治根本

学校是校园欺凌发生的主要场域，学校层面的措施是PBPP关注的重点。学校层面的措施分为“外防”与“内预”两个方面。在“外防”上，PBPP致力于营造反欺凌校园氛围，主要措施表现为完善校规校纪、严肃欺凌惩治。在“内预”上，PBPP要求学生端正心态、提升修为，从知、情、意、行、体五个方面着手，塑造中学生九项积极品格，由内而外抵制欺凌。

学校层面的措施以普及校园欺凌知识，完善欺凌防治流程，严肃欺凌处罚规定，调动学校教职工积极性以及开展欺凌相关法制教育为主。学校层面的措施分两个阶段进行，第一阶段的具体措施包括：首先，学校分管校长与各级部主任等学校主要管理人员参与 PBPP 培训，并由级部主任将 PBPP 内容与宗旨传达至班主任，再由班主任传达至学生与家长，PBPP 在学校的实施正式启动。其次，根据 PBPP 规范完善学校校规校纪，尤其要细化对校园欺凌行为的界定与惩处措施，并向全校师生公布。再次，初步开展 PBPP，举行法制教育系列讲座，并配合系列主题进行周一升旗演讲。最后，增加学校层面以班级为单位的团体活动，增强学生的团体意识，如在寒假期间，鼓励学生与家人的亲情互动，体验“爱”“信念与希望”的积极心理品质，并在返校后与同学分享体悟。第二阶段的措施主要以深化 PBPP 内涵、完善 PBPP 效果为主要目的。具体措施包括：首先，学校主管人员总结第一阶段的成果与不足，细化校规校纪在欺凌方面的惩罚规则，对 PBPP 进程做适当调整。其次，开展以校园欺凌为主题的系列校级报告，针对欺凌的辨识、欺凌的应对、欺凌的预防等方面进行针对性深入讲解，为学生与学校教职工提供参考价值较高的欺凌防治操作守则。最后，通过一系列结合传统节日展开的学校活动，例如“劳动一家亲”“六一阳光课堂”等，培养学生爱、友善、信念与希望、谦虚、执着、真诚、宽容、创造力以及决策力九项积极心理品质。

（二）班级层面：改良群体成员互动模式

PBPP班级层面措施的主要目的是将PBPP欺凌防治宗旨带入班级日常管理中。学生是校园欺凌的主体人群，PBPP班级措施通过在学生中普及欺凌的相关知识，引导学生在群体成员互动中减少操控性、伤害性行为的实施，以爱、友善与宽容对待同伴；通过讲解欺凌应对技巧，协助学生在遭遇欺凌事件时明确性质、恰当处理、及时上报，为欺凌的进一步防范打下良好的基础。

在班级层面的措施中，第一阶段要配合学校层面的措施，在班级中进一步内化规则意识，注重塑造积极健康品格。具体包括：各班级将完善过的校规校纪重点章节张贴于教室醒目处，班主任向学生与家长传达PBPP内容与宗旨，回答PBPP相关问题。根据学校层面开展的法制讲座及升旗演讲内容，开展班级主题班会、法制知识竞赛等活动，加强学生对法制观念的内化。各年级组织"跳大绳"比赛等多项有意义的团体活动，培养学生的集体意识与"友善"等积极品质。

第二阶段的措施聚焦校园欺凌的预防与应对。班主任根据第一阶段措施的落实情况进行总结与完善，对已有欺凌经历或可能存在欺凌风险的学生进行回访跟进，及时了解情况。同时，根据学校举行的欺凌预防与干预系列讲座展开系列主题班会，例如"好朋友与坏朋友""勇于说不""遵守礼仪，规范言行"等主题班会，通过角色扮演等环节细化欺凌危害，提高学生在日常生活中防范欺凌的意识。此外，结合学校传统节日活动，在班级中分享体验，用学生的正面经历感染同伴，全面培养学生的积极心理品质。

（三）个人层面："七步干预法"应对欺凌

在个人层面，PBPP关注欺凌事件的全面干预。PBPP从OBPP"六步"欺凌应对流程出发，结合现实情况与法制副校长团队的实践经验，制定PBPP"七步干预法"如下。

第一步：全面核实事件经过。

第二步：开展围观者调查。

第三步：及时实施干预。

第四步：做出处罚决定。

第五步：提供必要的心理辅导与干预。

第六步：努力促成双方和解。

第七步：适时进行跟踪回访。

PBPP在个人层面的欺凌干预措施在OBPP原有措施的基础上进行步骤上的整合与添加。第一步是对事件性质进行判别。PBPP强调教师在目睹问题行为或接到问题报告时，应首先判断是否为欺凌事件。打闹、争执、欺凌事件在形式上均较为接近，但在性质上却大为不同。在欺凌事件中，欺凌者存在明确的主观恶性，受欺者处于明显的弱势地位，在欺凌双方的干预手段上存在明显的区分。因此，PBPP 要求教师首先要判定事件性质。第二步是发动旁观者力量。PBPP 关注同伴力量的重要影响，希冀通过欺凌事件的妥善处置在同伴中形成积极压力，从而影响学生行为，营造抵制欺凌的积极校园氛围。第三步与第四步为干预与处置。在全面了解情况后，PBPP 要求学校尽快依据校规校纪相关规定解决欺凌事件。对于难以判定情节程度的欺凌事件，由班主任、级部主任、德育处主任三方会审做出处置决定。第五步，由于欺凌者的主观恶性与受欺者的弱势地位，对屡教屡犯的欺凌者，或处于欺凌伤害中难以恢复的受欺者，学校应在心理辅导、教师引导、学生帮扶等方面实施干预。第六步，欺凌双方的和解。根据 PBPP 受欺者保护原则，欺凌双方干预应分开进行。在多次与欺凌者会谈，确定其悔意的情况下，教师可以安排欺凌者与受欺者会面和解，最终目的是使两方能够和平共处于同一校园环境中。第七步，PBPP 要求学校对欺凌行为跟踪回访。尤其是受到校级处罚的欺凌者，在教师跟踪访谈后，如确有改过，可以消除处分；如屡教屡犯，应严肃处理，绝不姑息。

（四）社区层面：建立家、校、警、区联动机制

PBPP 在社区层面的措施主要体现在家、校、警、区协同合作，建立全方位欺凌防护网。在第一个阶段，PBPP 在社区层面的措施主要体现在普及欺凌危害、宣传 PBPP 内容。通过校级

与班级的多次家长会反复强调欺凌防治的重要性并倡导家长以积极健康的心态对待子女，使青少年在家庭生活中能够感受到幸福与和谐，并鼓励学生将这种相处方式延伸到学校当中。在校警联合方面，主要通过法制教育系列讲座，使学生提高法制意识，并联合片警打击家校途中的欺凌行为以及由校园欺凌引发的校外暴力事件。

在 PBPP 实施的第二阶段，社区层面的措施进一步深化，学校就具体欺凌问题的干预与预防再次召开校级与班级家长会，家长与学校就学生欺凌与受欺的早期辨识以及欺凌事件的干预加强沟通，态度一致解决欺凌问题。此外，发动社区配合学校开展传统节日体验活动，为校外欺凌问题的管控提供义务服务与支持。在校警联合方面，安排便衣干警于上下学高风险时段加强巡逻，对校外欺凌行为及相关的违法事件进行通报与处理，通过家、校、警、区联动网络守护学生安全。

五、OBPP 的本土化保障机制

OBPP 本土化模式之 PBPP 的核心理念为“四位五全”联动机制。为保障这一核心理念的顺利落实，除上文所探讨的具体实施措施外，须在综合设计中充分考量其必要的保障机制。PBPP 的保障机制涉及三个维度，即行为有据、防治有法的制度保障，注重监控、消弭隐患的物质保障以及多元参与、群防群治的人力保障。

（一）行为有据、防治有法的制度保障

作为顶层设计中极为重要的一环，制度保障能够为有效防治校园欺凌提供必要的政策依据、方法保证与制度规约。在PBPP中，制度设计与规划安排是应对校园欺凌的先行组织策略，在为校园欺凌防治参与者行为立规的同时明确其工作职能，通达其工作策略，提高其防治校园欺凌的工作实效。

1.完善组织制度，明确责任与职能

在校园欺凌的防治过程中，必须要建立职责明确、责任到人的领导及组织制度，以此来确保校园欺凌防治过程中主体职能的有效发挥。在领导制度层面，为强化全员参与的PBPP防治理念，学校设立欺凌防治委员会，委员会成员由学校管理人员、法制副校长、教师、职工、家长、社区工作人员以及学生代表组成。根据本土特点与现实情况，委员会由学校分管校长负责、法制副校长主责、全校教师齐抓共管，学生配合落实，社区外延支撑。委员会充分明确每一位参与人员的工作职责与主体责任，建构立体交叉、上下联通的领导制度。欺凌防治委员会是PBPP顺利实施的基础保障。在校园欺凌防治的组织制度层面，委员会需要明确校园欺凌防治的发展及规划目标，制定校园欺凌防治规章，安排校园欺凌防治培训内容，设置校园欺凌防治工作考核办法，并负责推广与实施。

2.健全校规校纪,懂得底线与规则

加强学生群体对校园欺凌的认识与理解,明确欺凌行为本身所承载的成本代价,在一定程度上能够预防校园欺凌问题的发生。校规校纪作为学生在校期间十分重要的行为规范,能够充分发挥其令行禁止的行为规约作用,因此必须在校园欺凌防治过程中予以高度重视。PBPP 要求学校完善校规校纪,尤其是与欺凌相关的奖惩内容,并强化自然后果法在校园欺凌教育中的重要价值,以此来提升中学生对自己的行为负责、为自己的行为立法的主动性与责任感。通过健全反欺凌校规校纪,PBPP 力图使学生群体在制度规约之下,进一步明确底线意识与规则精神,不断提高自身对校园欺凌的理性辨别意识,自觉抵制欺凌。

3.建立应对预案,实现及时迅速干预

当校园欺凌事件发生后,学校层面的积极应对应该有章可循,干预措施应当及时迅速。而这一目标的实现,离不开校园欺凌应对预案的制定与执行。在校园欺凌发生之后,学校层面按照总体工作部署与安排,遵循“七步干预法”有条不紊、快速及时地开展调查取证、核准事实、判定处罚、调解疏导、跟踪回访等工作。PBPP 校园欺凌事件响应预案,考量到校园环境、群体心理、社会影响等方面,对校园欺凌事件先核实后判定,精准干预、重视回访,形成结构完备、组织合理,适应于不同校园欺凌形式与情境的应对模式。

4.健全欺凌报告制度,强化舆情监督与反馈

为防止受欺者在遭遇欺凌后不敢求助于重要他人,PBPP 利用多种途径建立健全欺凌报告制度,以此避免"生不报、师不闻"所带来的对校园欺凌无意忽视的问题。欺凌报告制度涉及两方面:一方面为受欺者建构值得信赖、保护隐私的欺凌报告环境,使受欺者能够通过较为私密的方式向学校及时反馈自身的欺凌遭遇,如通过设置欺凌电子邮箱、欺凌举报箱以及办公室会谈等方式,为受欺者提供较为隐私的报告环境。另一方面,PBPP 积极调动欺凌旁观者在校园欺凌防治中的重要作用,积极号召其在欺凌发生之时及时向重要他人进行汇报,以及时中止校园欺凌行为。为此,PBPP 强调教师或特派学生在班级微信群、QQ 群等舆情场域内及时进行信息监控,实现校园欺凌问题的及早发现、迅速干预与及时反馈。

(二)注重监控、消弭隐患的物质保障

在物质保障层面,PBPP 注重建构一个能够以积极互联、消弭隐患的物质资源为基础的校园场域环境。此校园环境氛围的营造,需要从以下两个方面加以物质保障。

1.全方位覆盖,构建立体化校园监控系统

校园摄像头的全方位覆盖使中学生行为时刻处于"注视"之下,在此种外部监管影响之下,中学生的欺凌行为能够在一定程度上加以抑制。因此,学校构建全方位覆盖的校园监控系统是

预防校园欺凌的重要物质保障之一。研究数据表明,中学生欺凌行为多发生于教师监管缺位或是偏僻、半封闭区域,如卫生间、楼梯拐角、宿舍楼道等监控盲区。监控盲区的存在对校园欺凌的防治构成潜在风险因素。对此,PBPP 强调,在学校硬件设施建设过程中,要配备全方位、全时段、全程录像的校园监控系统,告知学生监控区域,加强对学生行为的监督,并将校园监控录像留存一段时间,以备调查取证之需。监控录像由保安处专人负责保管与回收,以保障录像真实与学生隐私。通过此种方式,在教育引导学生正确行为的同时,也以无时不在的"注视"警示潜在欺凌者,使其忌惮于监控所留存的证据而降低校园欺凌的发生率。

2.消弭隐患,规划安全校园空间布局

学校存在可能诱发校园欺凌发生的空间布局和物品,如宿舍区内高低年级之间未建立隔离门、学校操场边未经修剪的灌木丛、校园绿化带内存在的木棍等。设施器具的不合理安排一定程度上增强了校园欺凌发生的情境因素。概言之,校园欺凌防治的过程需要统筹考虑、合理规划、细致安排,避免校园布局欠妥导致的校园欺凌风险因素。对此,PBPP 强调,学校不同场域的布局都应积极配合校园欺凌的预防举措。例如,在宿舍区内对高低年级住宿区进行区隔;食堂就餐时按年级或班级分区分别就餐,并安排教师陪同;学校院墙设置防护网,谨防校外人员进入;封闭偏僻隐蔽区域;校园内绿化避免过高过密;等等。

通过隔离设置，在物质环境中降低校园欺凌实施的可能性，通过改善学校空间规划布局，在物质环境中防止校园欺凌问题的发生。

（三）多元参与、群防群治的人力保障

PBPP坚持家、校、警、区联动机制，力图充分发挥多元主体在校园欺凌防治中的能动作用。

1.认同PBPP理念的学校教师

学校教师群体既包括学校管理者，也包括班主任教师、任课教师、学校职工等。认同PBPP理念的学校教师能够充分认识自身角色在校园欺凌防治中所担负的使命与职责，更加主动积极地参与到中学生校园欺凌防治的教育宣传与行为引导之中，有利于营造学校场域内全员防治校园欺凌的教育氛围。为此，PBPP强调对教师反欺凌理念的教育引导与欺凌应对的技能培训。具言之，对于学校管理者而言，要明确校园欺凌防治的重要工作任务，并将其作为学校日常管理工作的重要一环加以充分重视。对于班主任而言，通过举行反欺凌的班级会议，制定反欺凌的班级公约，开展欺凌后的矫正帮扶等方式，不断提升班主任群体对校园欺凌的教育引导与行为规范功能。对于学校科任教师而言，在课程教学中应主动积极渗透反欺凌教育内容，结合课程教学组织开展相关活动，培养学生群体团结友爱、互帮互助的良好氛围，形成亲密伙伴团体。对于学校职工而言，要加强对欺

凌高发时段和高发区域的监控管制。学校是校园欺凌的主要发生场域,学校教职工对 PBPP 理念的认可是校园欺凌有效防治的重要前提。

2.协同 PBPP 推进的家长群体

家庭教育是学校教育的起点,也是学校层面欺凌防治教育的重要延伸与关键补充。家长群体对学生行为的发现与及时干预具有天然的教育优势,充分调动家长群体在校园欺凌预防中的参与积极性,能够有效提升校园欺凌预防的工作实效。PBPP 指出,家长群体的教育优势主要表现在两个方面:首先,家长对校园欺凌防治的观念认同能够有效提升学生群体对校园欺凌的整体认知。价值观教育是家庭教育的核心所在,家长对校园欺凌的正确观念引导对学生在校期间的行为表现有重要影响。其次,家长对校园欺凌防治的策略与方法指导能够帮助学生提高在校期间的自我保护意识。家长在家庭教育中通过或隐或显的教育方式,直接或间接告知学生如何自我保护,能够为学生反抗校园欺凌提供必要的方法指导。因此,PBPP 特别强调家长群体在校园欺凌防治中的协同与推进,通过强化家校合作、组织开展家长反欺凌讲座等形式,提高家长群体在校园欺凌防治中的主动参与意识与应对技能。

3.加强 PBPP 干预的法治团队

法治团队由法制副校长领导的负责学校法制教育与校园内外法治保障的干警群体组成,是 PBPP 在吸纳 OBPP 内核的基础上，格外重视并特别强调的人力资源群体。对校园欺凌的防治而言，法治团队能够充分发挥自身职能特色，通过生动具体、真实有效的校园欺凌案例，帮助中学生正确认识校园欺凌行为可能带来的负面影响，明晰校园欺凌行为可能需要承载的违法成本。相较于学校教师、家长而言，法治干警的职业角色对中学生群体的影响与教育意义更为明显。为此，PBPP将法治干警作为校园欺凌防治的重要他人，通过邀请法制副校长以及社区干警为中学生开设法治课程、举行校园欺凌讲座等方式，切实提高PBPP中法治干警的效能发挥。更重要的是，法制副校长既作为学校环境中的管理人员又作为外围环境中的警力联络与组织者，在PBPP校园欺凌防治中起到双重作用。

4.支持PBPP实施的社区成员

在社区层面，PBPP主张在社区中张贴反欺凌标语、海报，通过邀请社区成员参加学校举办的节日活动等方式参与到校园欺凌防治过程之中。社区成员是学生群体校外生活的重要参与者，其举止行为对中学生的价值观养成与行为塑造有着重要的潜在影响。社区中的暴力事件、社群关系的紧张冲突等，在很大程度上会加剧中学生群体的暴力倾向与冲突状态。因此，PBPP重视为中学生营造一个良好的社区环境，以实现学校教育与社区教育的琴瑟共鸣。具体包括：在学校周边小路与社区青少年聚集区域张贴反欺凌海报；为社区成员举办反欺凌知识讲座；与居委会成员取得联系，设立欺凌情报站，为社区成员举报欺凌事件提供场所与人员保障。PBPP 引导社区成员认同校园欺凌防治中自身所担负的责任，致力于为中学生创设一个和谐、健康、融洽的社区环境。社区保障充分利用社区内的宣传教育渠道，丰富 PBPP 校园欺凌校外防治路径。

OBPP 的本土化遵循“立德树人”思想，以积极心理健康教育为落脚点，视“内预外防”为校园欺凌防治根本。在内部环境上，在知、情、意、行、体五个方面，从全校、全员、全面、全过程、全方位强调内心积极品格的培养。在外部环境上，从学校、班级、个人、社区多层面同时着手，建立家、校、警、区校园欺凌防护网。通过“四位五全”联动机制的创立，建构适用于中国社会制度、话语情境与教育背景的校园欺凌防治模式，即 PBPP。

第四章　PBPP 的有效性检验

21 世纪初，OBPP 在中国香港实行推广并取得较为显著的成效，在香港的成功实施为其在中国内地的校园欺凌防治有效性验证奠定扎实基础。为更加适应国情，本书将 OBPP 作为理论基础，将 OBPP 的内容与植根中国传统文化的积极心理健康教育相结合，并佐以必要的本土改良，创建了基于本土需求的 PBPP①。为验证 PBPP 的有效性，本书从学校受欺率、欺凌率、不同类型欺凌率、高发地点欺凌率四个方面对其进行有效性验证。

一、PBPP 有效性检验的研究设计

OBPP 的原始内容语言为英语。在进行本土化验证前需将

① Positive Mental Health Education Bullying Prevention and Intervention Program，即 OBPP 本土化模式。

其主体部分译制成中文，译制内容主要包括奥维斯欺凌问卷主体部分、奥维斯欺凌预防培训内容以及学校、班级、个人、社区层面的操作流程。译制工作由研究者、英语专业教师以及心理咨询师参与完成。为完成 OBPP 的内容与积极心理健康教育理论的有机结合，在前期的教师培训内容以及后期的学校、班级活动中均融入积极心理健康教育的理论内容。本土改良后的积极心理防欺模型称为“PBPP”。

E 校自 2017 年 10 月开始引入 PBPP，经过前测问卷与访谈数据采集，开始进行 PBPP 有效性验证，至 2018 年 6 月结束。此前 E 校未实施过任何完整的校园欺凌预防模式。E 校参与试验的学生分别于试验开始前与试验结束后完成前测与后测的奥维斯欺凌问卷调研。前测调研的目的是探求 E 校师生对校园欺凌原有的认知水平，后测问卷的目的是检验 PBPP 实施完成后欺凌率、受欺率、高发地点欺凌率、不同类型欺凌率的下降情况。为避免无关变量对研究结果产生影响，在 PBPP 前测与后测问卷作答期间，研究者与已接受 PBPP 培训的级部教师在学生作答期间负责解答疑惑，保证学生能够准确理解问卷内容。班主任教师在问卷发放前强调学生应如实认真作答。PBPP 在 E 校实施期间，对无关变量加以控制，E 校主要管理人员没有大幅调换，学校的课程制度与教学计划没有修改，其他无关变量对研究结果产生的影响可忽略不计。

(一)研究对象

PBPP有效性验证选择在Y市的一所公立中学E校进行。Y市为全国二线城市,所选中学为本市规模最大的公立中学。由于“划片招生”的要求,生源家庭背景构成多样化,家庭经济水平分布平均。学校中汉族学生占绝大多数,且存在特殊青少年群体(如心理疾患少年等)。鉴于学生认知水平的逐渐成熟,小学与初中的过渡阶段是欺凌初发时期。而青春期学生的价值观念随着年龄的增长有所转变,其中初中与高中的过渡阶段为重要转折点,故选取E校初中低年级(初一、初二)学生以及高一学生为对象开展PBPP有效性验证。参与调研的班级人数均在50人左右,初中一年级全年级有六个班、初中二年级三个班,共282人;高中一年级五个班,共199人,总计481人参与试验。初中班主任教师中3人为35岁以下青年教师,均具备硕士学历,教龄在7年左右;其余6人为中年教师,均具备大学本科学历,教龄在20年左右。高中班主任教师均为35岁以下青年教师,均具备硕士学历,教龄均在1年以内。

(二)研究工具

本书采用的测量工具为奥维斯欺凌问卷1996年中文译制版的主体部分。问卷已有近40年的成熟实践经验,经过了不同国家与地区的信效度检验。为检测其在中国内地开展的信效度，在译制过程中，采用专家评定的方式，邀请积极心理健康教育与校园欺凌研究领域的专家对问卷内容进行鉴定，检验其是否能够准确检测学生欺凌情况。这一过程贯穿问卷译制始终，保证了问卷良好的内容效度。最终本问卷的 Cronbach'α 系数为 0.8365，达到问卷信度要求标准。

问卷由 39 个题目组成（个别题目中包含二级题目），每个题目有 5 个程度的选项可供选择。前测问卷调查主要了解学校在实施 PBPP 前存在的欺凌问题，包括欺凌行为的发生率、常见的欺凌类型、欺凌高发区域、欺凌报告情况以及 E 校学生对欺凌的原有认知等多个方面。后测问卷调查着重了解欺凌关键问题的变化情况，包括欺凌频数、受欺频数、欺凌形式、欺凌报告等几个方面的提升与改善。

除问卷外，本书还使用访谈作为研究工具，以便在问卷数据的基础上，深入探究 E 校实施 PBPP 前后的变化以及参与人员对 PBPP 效果的反馈。研究者结合问卷数据结果，与多位班主任、级部主任、学生、家长进行了开放式访谈。

二、PBPP 有效性检验的研究问题

研究问题一：PBPP 实施后，学生受欺率是否下降？

研究问题二：PBPP 实施后，学生欺凌率是否下降？

研究问题三：PBPP 实施后，不同类型的欺凌发生率是否

下降？

研究问题四：PBPP 实施后，欺凌高发地点的欺凌发生率是否下降？

三、PBPP 检验实施过程

PBPP 在 E 校的实施分为四个阶段。第一阶段为前测数据采集，从 2017 年 10 月到 2017 年 12 月，研究者通过大规模问卷与针对性访谈，了解 E 校中学生的欺凌状况与欺凌类型特征，并据此确定欺凌防治的基准值以及欺凌干预的重点群体与类型。第二阶段为 PBPP 实施一期，从 2017 年 12 月到 2018 年 1 月，重点关注全校欺凌常识的普及与全校欺凌环境的改造。第三阶段为 PBPP 实施二期，从 2018 年 3 月到 2018 年 6 月，专注于校园欺凌应对与干预技能培训以及全员积极健康心理的培养。第四阶段为实施后测，从 2018 年 6 月到 2018 年 7 月，通过后测问卷以及基于问卷调研结果开展的后测访谈，评测 PBPP 在 E 校实施的有效性。

前测问卷使用 SPSS 22.0 软件梳理得到初步分析结果，对效果显著的班级的班主任教师等重要他人进行访谈，了解在欺凌防治方面已存的有效措施，据此对 PBPP 内容进一步完善。后测问卷收集数据后再次通过 SPSS 软件梳理出对比数据。在数据分析的基础上，与班主任教师、级部主任、法制副校长、学生、家长展开后测访谈，以便在问题深溯的过程中总结经验与意见建议。

PBPP 在 E 校实施的措施均从学校、班级（个人）[①]、社区层面同时着手，以"内预外防"为根本。外防方面的措施主要参考 OBPP 措施实施，关注学校整体生态环境的改造与反欺凌校园氛围的建立；内预方面则从知、情、意、行、体五个方面培养中学生爱、友善、信念与希望、谦虚、执着、真诚、宽容、创造力、决策力九项积极心理品质以及欺凌防治重要群体的积极健康心理入手。实施 PBPP 的两个时间段的措施呈递进关系。PBPP 实施一期中的措施以提高欺凌认知与培养积极健康心态为主要目标。学校层面主要包含 PBPP 宣传、反欺凌规章制定、法制教育普及讲座以及积极情感培养主题活动等方面的措施，其中积极情感培养活动关注"爱、信念与希望"的积极心理品格。班级（个人）层面的措施主要包含 PBPP 反欺凌规章公布、主题班会以及班级课间主题活动，通过同学协作，强调培养"友善"的积极品格。社区层面措施包含 PBPP 主题家长会、欺凌预警/应对指导校级家长会、校警联合打击校外欺凌行动以及寒假传统节日主题活动，培养"爱、信念与希望"的积极品格。

PBPP 实施二期的实施措施更加深入与多样。实施二期首先总结实施一期成果，分别在学校与班级层面召开教师与学生

① 由于个人层面措施主要针对具体欺凌事件干预，因此在 PBPP 流程表中将班级与个人层面措施合并列出。

会议，通报实施进展，强调欺凌防治目标。然后在学校层面以周一升旗演讲的形式进行欺凌预防教育，每两周一个主题，包括感恩、责任、交友、文明言行、健康心理等。为提升欺凌预防有效性，在实施二期开展两次欺凌防治主题报告，具体报告内容涵盖言语欺凌、身体欺凌、社交欺凌、电信欺凌的辨识以及应对指导等内容。在积极品格培养方面，学校组织多项针对不同积极品质培养的活动，如学生以传统节日为依托，于植树节、清明节、劳动节、儿童节等节日组织主题体验活动，培养学生“爱与友善”等积极品质。再如学校组织师生参观法制教育基地，培养学生“真诚、宽容、谦虚”的积极品质；组织师生爬山远足，培育学生“执着、信念与希望”的积极品质；安排学生至航空科研院所参观，锻炼学生“创造力与决策力”的积极品质等。在班级（个人）层面，各班主任配合学校升旗演讲以及欺凌防治报告内容开展主题班会，通过情景演练、角色扮演等方式，深入探讨欺凌情境中的预防与应对技巧。此外，班会响应学校层面活动组织特色班级活动，如立夏“斗蛋”活动、六一“我的课堂我做主”活动等。社区层面的措施以学校家长会与班级家长会为先导，鼓励家长及社区为学校组织的活动提供支持，在共同参与中使学生体会到社区温暖、父母之恩、手足之情，并将积极情感带入学校生活中。最后，加强家校警区联动机制治理校外欺凌，包括在校外欺凌风险区域安排家长志愿者、社区居委会成员、学校教师以及便衣干警巡查，保护学生人身财产安全等。

PBPP 实施具体流程如下：表 4.1～4.3 为 PBPP 实施一期流程内容，表 4.4～4.6 为实施二期流程内容。

表 4.1　PBPP 实施一期流程表(学校层面)

<table>
<tr><th>学校层面</th><th>2017.12.1～2017.12.3</th><th>2017.12.4～2017.12.18</th><th>2017.12.18～2018.1.12</th><th>寒假活动</th></tr>
<tr><td>外防</td><td rowspan="2">1.建立欺凌防治委员会。委员会由学校分管校长负责、法制副校长主责。成员由学校管理人员、法制副校长、教师、职工、家长、社区工作人员以及学生代表组成
2.学校分管领导与级部主任参加 PBPP 培训
3.级部主任召开班主任会议，传达 PBPP 内容</td><td rowspan="2">1.完善校规校纪，制定欺凌惩治细则
2.召开 PBPP 学校启动会，向全校师生公布校规校纪，强调奖惩细则
3.鼓励教职工以 PBPP 内容为指导，厘清自身监控区域与职责范围，开展欺凌巡查监管活动，在学校层面营造反欺凌氛围</td><td>知(法制教育)：学校法制副校长开展法制教育系列报告会</td><td rowspan="2">情：传统节日体验活动之“春节过年活动”。在浓浓年味中体会亲情可贵，深入了解我国风俗人情，增强爱国爱家情感。培养爱、信念与希望的积极心理品质，返校后在班会中分享体悟</td></tr>
<tr><td>内预
(知、情、体)</td><td>1.体：周一升旗主题演讲：“健康体魄，活力人生!”
2.体：举行班级拔河比赛，组织学生以班级为单位参与全校活动，培养学生的集体意识</td></tr>
</table>

表 4.2　PBPP 实施一期流程表［班级（个人）层面］

<table>
<tr><th>班级（个人）层面</th><th>2017.12.1～2017.12.3</th><th>2017.12.4～2017.12.8</th><th>2017.12.18～2017.12.22</th><th>2018.1.2～2018.1.5</th></tr>
<tr><td>外防</td><td rowspan="2">1.班主任在班会与家长会中向学生与家长传达 PBPP 内容与宗旨
2.在班级中张贴学校相关欺凌校规细则</td><td>班主任答复家长与学生对 PBPP 内容与实施流程的疑问</td><td rowspan="2">1.知（法制教育专题）：主题班会“法制教育之遵纪守法，构建和谐校园”：杜绝校园暴力行为，强调遵纪守法的重要性
2.学校教职工加强课堂上、课间时段（班级、走廊、操场、厕所等高风险区域）的监管，同时监管班级网上动态</td><td rowspan="2">1.主题班会：“讲法学法，普法知识竞赛”
2.班主任教师依据 PBPP 原则对班级内欺凌行为实施干预</td></tr>
<tr><td>内预（知、体）</td><td>1.体：班会主题：“我运动、我健康、我快乐！”
2.体：课间组织班级“跳大绳”活动，加强团体意识，培养友善品质</td></tr>
</table>

表4.3 PBPP实施一期流程表(社区层面)

社区层面	2017.12.1～2017.12.3	2017.12.4～2017.12.8	2017.12.18～2018.1.12	寒假活动
外防	召开校级家长讲座，宣讲PBPP内容，鼓励家校联合抵制欺凌	1.知(召开班级家长会)：讲解PBPP内容，强调家校联合防治欺凌的重要性 2.行：鼓励家长教导子女在家中与同辈和谐相处，并将这种相处方式延伸到学校当中	1.知(法制教育专题)：法制干警讲解“网络的诱惑与危害” 2.学校与所在社区成员及干警加强合作，形成联合网络，打击家校途中的欺凌行为，以及由校园欺凌引发的校外暴力事件 3.组织全校师生参观法制教育基地	情：传统节日体验活动——春节“过年专题活动”，家长与子女在浓浓的年味中相互陪伴，一同活动，感受家人的关爱，体会亲情的可贵。培养“爱”“信念与希望”的积极心理品质，家长可以将感受记录下来，返校后由学生在班会中分享体悟
内预(知、情、行)	讲座倡导家长以积极健康的心态对待子女，使青少年在家庭生活中能够感受到幸福与和谐			

表 4.4　PBPP 实施二期流程表(学校层面)

学校层面	2018.3.5～2018.3.17	2018.3.19～2018.3.23	2018.3.26～2018.4.12	2018.4.13～2018.4.28
外防	校领导召开反欺凌座谈会,欺凌防治委员会汇报 PBPP 实施进展,聆听校领导意见与建议	欺凌防治委员会成员就 PBPP 进展情况展开讨论,依据进展情况完善 PBPP 细则,调整 PBPP 进程	1.校级主题报告《防治欺凌,坚持到底》 2.校级主题报告《对校园欺凌说“不”》	1.各级部召开主任会议,通报 PBPP 二期进程安排,公布完善后的 PBPP 实施细则 2.法制专题:“未成年人网络保护条例”
内预 (意、行、体)	行:传统节日体验活动——植树节,“爱护树木,亲近大自然”,体会自然的魅力,观察并记录一种植物在春天的萌芽与成长。培养“爱”“执着”“信念与希望”的积极心理品质		情:传统节日体验活动——清明节,“我爱我家活动”,鼓励学生陪同家长祭祖,参观自己的祠堂,了解家族历史与家训,通过体悟家族的奋斗史,培养学生“谦虚”“真诚”“执着”的积极心理品质	1.积极心理健康教育“固本培元,扶正祛邪”专题 2.意、体:组织校级活动——昆嵛山远足,舒展身心、锻炼意志、净化心灵,培养“执着”“友善”的积极品质

续表

学校层面	2018.4.29～2018.5.4	2018.5.5～2018.5.25	2018.5.28～2018.6.8	2018.6.11～2018.6.30
外防	周一升旗系列主题演讲:“感恩与责任”	周一升旗系列主题演讲:“快乐交友,勇于说不”	周一升旗系列主题演讲:“与文明同行”	周一升旗系列主题演讲:“培养健康心理,扬起人生风帆”
内预(情、意、行、体)	情、意:传统节日体验活动——五一劳动节“劳动一家亲”活动。假日期间与父母角色互换一天或照顾弟弟妹妹一天,体验父母的辛劳,感恩父母的付出,接纳弟弟妹妹的不同,培养“爱”“宽容”“决策力”等积极心理品质	1.行、体:传统节日体验活动——立夏“斗蛋活动”。学生拿起画笔绘制彩蛋,评比哪个绘蛋作品最有特色 2.“立夏胸挂蛋,孩子不疰夏”,将鸡蛋挂于胸前,进行“碰蛋”比赛。在活动中培养学生“创造力”“友善”的积极心理品质	知、意:传统节日体验活动——六一阳光成长日“我的课堂我做主”活动。学生设计一天的教学内容,发挥创造力,并从中体悟出教师的工作价值,学会换位思考。从活动中培养学生“创造力”“谦虚”“宽容”“决策力”的积极心理品质	积极心理健康教育“激扬生命、开发潜能”专题,组织校级活动参观“航空五院”。在活动中点燃学生的求知欲,塑造坚韧的意志品质,净化浮躁的心灵,培养“创造力”“谦虚”“执着”“决策力”的积极心理品质

表 4.5 PBPP 实施二期流程表[班级(个人)层面]

班级(个人)层面	2018.3.5～2018.3.9	2018.3.12～2018.3.23	2018.3.26～2018.4.8	2018.4.9～2018.4.28	2018.4.29～2018.5.4
外防	1.班主任在班会中强调PBPP内容安排，始终保持一致的“反欺凌”态度与措施 2.班主任着力改造班级群体构成，宣扬积极群体规范与互动方式	班主任挑选部分积极学生，与弱势学生建立伙伴关系，为其提供伙伴庇护	1.主题班会“防治欺凌，坚持到底”与班级活动“找呀找呀找朋友” 2.主题班会“对校园欺凌说不”与班级活动“赞美的力量”	1.级部主任召开班主任会议,汇报PBPP二期进程安排，公布完善后的PBPP实施细则 2.班主任在班会中重申PBPP欺凌防治细则	主题班会“让青春与责任同行”
内预(意、行、体)		针对“植树节活动”在班级中分享体验	针对“清明节活动”在班级中分享体验	针对“昆嵛山远足”在班级中分享体验	主题班会“感恩教育:感恩家长、教师、同学、朋友”

续表

班级(个人)层面	2018.5.5～2018.5.11	2018.5.14～2018.5.25	2018.5.28～2018.6.1	2018.6.4～2018.6.8	2018.6.11～2018.6.30
外防	1.主题班会"好朋友与坏朋友" 2.立夏"斗蛋"活动	主题班会"勇于说不",鼓励学生抵制欺凌、报告欺凌	1.主题班会"告别陋习,走向文明" 2."六一阳光成长日:我的课堂我做主"活动	1.教师对生活中以及网络上的欺凌行为实施一致干预策略 2.主题班会"遵守礼仪,规范言行" 3.理想信念教育:"立志成才:航空五院参观有感"	主题班会"心理健康教育——培养健康心理,扬起人生风帆"
内预(情、意、行、体)					主题班会"凝心聚力,为团添彩"

表 4.6　PBPP 实施二期流程表(社区层面)

<table>
<tr><th>社区层面</th><th>2018.3</th><th>2018.4</th><th>2018.5</th><th>2018.6</th></tr>
<tr><td>外防</td><td rowspan="2">1. 校级家长会：汇报 PBPP 进展情况，公布完善后的实施细则
2. 班级家长会：鼓励家长加强与班主任教师间的沟通，及时报告欺凌事件
3.加强校警合作，对家校途中的欺凌行为依法依规进行处理
4.社区居委会安排志愿者在家校途中巡查监管</td><td>班主任与欺凌学生家长进行沟通，了解家庭中反欺凌规范落实与跟进情况。联合应对欺凌问题</td><td rowspan="2">家长积极支持与参与学校传统节日体验活动，培养子女感恩父母、与手足和谐共处的习惯，并鼓励子女将这一行为延伸到学校，在同学相处中坚持“真诚”“友善”“宽容”的积极心理品质</td><td rowspan="2">校级家长会“培养健康心理，扬起人生风帆”强调积极健康心理的重要性，鼓励家长在与子女相处时始终保持积极的心态，在与子女沟通时始终保持关怀的语境，让子女感受到家庭的温暖，并将爱传递给学校同学</td></tr>
<tr><td>内预</td><td>学校鼓励社区居委会发动社区成员为家长与子女的传统节日体验活动提供支持，如家长与子女在社区中共同种植小树，并共同承担管理责任</td></tr>
</table>

四、PBPP 检验数据收集

在学校正式实施 PBPP 前，班主任在班级家长会中介绍 PBPP 实施内容与时限，在家长同意后学生参与到 PBPP 中。在前测与后测问卷发放前，班主任与级部主任均接受问卷作答指导，研究者在问卷作答期间负责为学生解答问题。在前测与后测问卷所得结果的基础上，研究者与班主任教师、级部主任、法制副校长、学校分管副校长、学生、家长等开展访谈，将访谈内容匿名加以整理。

问卷结果，录入 EXECL 数据，通过 SPSS22.0 软件进行处理，将显示信息错误的数据与原始问卷答案进行比对，并手动录入正确信息，无正确信息的以数据缺失录入。由于课外活动或缺勤等原因，前测问卷的学生数量与后测问卷的学生数量有小幅差异。初中参与前测问卷的学生数为 282 人，参与后测问卷的学生数为 265 人。高中参与前测问卷的学生数为 178 人，参与后测问卷的学生数为 199 人。两次问卷的学生参与率均达到 95%以上。对于频率类数据，通过 SPSS 软件分析功能中的描述统计选项计算频率，并将结果合并生成频率表格。对于需要相关性分析的数据类，通过 SPSS 软件分析功能中的相关性选项，利用 Pearson 双变量相关系数检验得出相关性结论。

五、PBPP 检验结果分析

在实施 PBPP 后，E 校初中生中遭受过欺凌的学生数从前测的 49.29%下降为后测的 25.77%，实施过欺凌的学生数从前测的 25.53%下降为后测的 10.19%；E 校高中生中遭受过欺凌的学生数从 39.89%下降为 18.09%，实施过欺凌的学生数从 20.79%下降为 8.04%。研究结果证实，PBPP 有效改善了 E 校学生的欺凌境况。

本书对前测调研与后测调研的研究着重点有所不同。前测调研着重对 E 校学生进行“摸底”工作，了解学生的欺凌状况基准值，以便有针对性地开展 PBPP 工作；后测调研着重于研究学生欺凌困境的改善情况以及改善原因，故将两测研究结果分开论述。

（一）前测结果讨论与分析

前测调研采用《欺凌现象调查问卷》，该问卷由奥维斯欺凌问卷的主体构成，主要采集 E 校学生受欺类型及频数，欺凌类型及频数、欺凌高发地点、时段、群体，欺凌性别，学生在校好友情况以及班级欺凌情况频数分布等欺凌状况基础信息。此外，结合问卷数据结果，本书对学生与重要他人群体进行有针对性的访谈，以深入了解问卷客观题目未能触及的参与人员的主观感受。此外,访谈涉及重要成年人为校园欺凌防治已经进行的卓有成效的措施以及希冀达到的欺凌防治效果,为 PBPP 顺利、有效开展搭建数据基础。由于初中生与高中生在年龄、认知、情感、学业等诸多方面的差异,本书将两者的问卷结果分开论述。

1.初中生前测问卷结果分析

E 校初中生实行走读制,在校时间为早七点半至晚五点。研究者与级部主任进行沟通,了解各班主任的基本情况。在初中一年级的 6 个班中,一班、二班、六班班主任教师均为中年教师,学历均为本科,教龄均在 25 年以上,其中一班、二班班主任为女教师,六班班主任为男教师。三班、四班、五班班主任教师均为青年教师,学历均为硕士,教龄均在 10 年以下,均为女教师。初一级部主任为女性中年教师,学历为本科,教龄在 25 年以上。初中生前测使用的是统一版本的《欺凌现象调查问卷》,问卷主要题目多由频率选项构成,如"没有""只有一两次""每月两三次""每周一次""每周好几次"。此类数据为研究者提供初中生当前校园欺凌问题的基本信息以及初中生欺凌处境与个体同伴特征之间的关系。

(1)初中生遭受欺凌类型及受欺频数分析

前测问卷列举遭受欺凌的七类行为表现,学生勾选任一选项即表明遭受过欺凌。问卷结果显示,E 校初中生中有 49.29%的学生在近期遭受过欺凌。以受欺类型及受欺频数为基点分析,将 PBPP 实施前 E 校初中生遭受欺凌情况整理为图4.1。

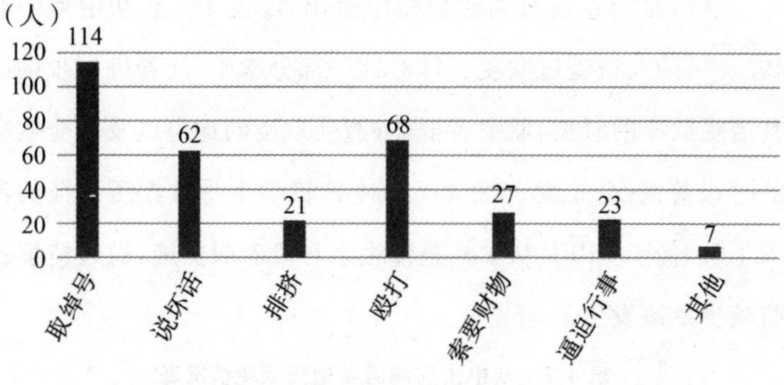

图4.1 PBPP实施前初中生遭受欺凌类型及受欺频数分布图

如图4.1所示,学生遭受"取绰号"与"说坏话"类言语欺凌的频数远高于其他欺凌类型,这与此类欺凌通常"易实施、伤害久、难发现、惩治轻"的特点不无关系。"取绰号"依然是最为常见的欺凌形式,这与国际国内多项研究的结论一致。由于未对受欺者造成肢体的伤害,"取绰号"类欺凌事件容易被教师忽视,但是此类言语欺凌行为对青少年情感与心理发展带来的创伤不可小觑,其恶劣影响可能蔓延到成年后,属于最普遍、最具破坏性的欺凌类型之一。图中数据亦显示,除言语类欺凌外,身体欺凌如"殴打"是受欺频次第二高的欺凌形式,变相身体欺凌如"索要财物""逼迫行事"等均为受欺人数较多的欺凌类型。前测问卷对受欺类型及受欺频数的调查为PBPP提供了实施干预的重点方向。

(2)初中生遭受欺凌的时长、群体、地点、时段分析

从前测问卷题目调研数据中得出，E 校 282 名初中生中有 49.29％的人遭受过欺凌。针对这一部分学生，问卷进一步询问其遭受欺凌的时长、欺凌者群体、遭受欺凌的地点以及遭受欺凌的时段等情况，汇总为表 4.7。对 E 校学生受欺经历特征的深入了解，便于 PBPP 从学校整体生态环境着眼实施，通过情境预防减少欺凌发生。

表 4.7 初中生前测问卷遭受欺凌情况表

题目	作答选项	人数	百分比(％)
遭受欺凌时长	一周以上	47	31.3
	一个月以上	23	15.3
	一个学期	30	20.1
	一年	8	5.3
	一年以上	13	8.7
	合计	121	80.7
欺凌群体年级	同班同学	87	58.3
	同年级别班同学	21	14.3
	高年级同学	10	6.4
	低年级同学	9	5.7
	合计	127	84.7

续表

题目	作答选项	人数	百分比(%)
遭受欺凌时段	上课时间	27	19.71
	课间时间	71	51.82
	广播操时间	23	16.79
	午休时间	16	11.68
	合计	137	100.00
遭受欺凌地点	操场	46	21.90
	走廊	41	19.52
	教室(无教师)	66	31.43
	教室(有教师)	17	8.10
	厕所	14	6.67
	家校途中	15	7.14
	其他地方	11	5.24
	合计	210	100.00
欺凌群体性别	只有一个男生	23	15.70
	两个以上男生	22	15.10
	只有一个女生	16	10.10
	两个以上女生	18	12.30
	男生、女生都有	49	32.10
	合计	128	85.30

如表4.7所示，就遭受欺凌的时长而言，初中参与调研的学生受欺时长普遍较短，66.7%的人受欺时长在一个学期以内，这与参与调研学生的年级较低有较大关系。从小学高年级起，随

着同伴等级结构的逐步形成，学生群体中才产生通过欺凌进行权力控制的倾向，又因学生升入初中的时间还较短，因此长期欺凌率相对高中较低。考虑到这一年龄段的学生对欺凌的抵制情绪仍然较为坚决，因此佐以有效的欺凌防治模式，可以取得较好的治理效果。就欺凌者的年龄范围而言，同班同学实施的欺凌比例占到一半以上，反映出班级整体生态环境存在缺陷，班级群体成员间的互动方式存在问题。因此，PBPP 进一步深化在班级层面营造积极和谐氛围的措施，通过一系列欺凌主题班会以及反欺凌主题活动加强班级的凝聚力与学生间的友爱联结。就欺凌者的性别而言，在初中低年级发生的欺凌事件中，欺凌者的性别属性并不固定，遭受单一欺凌者长期欺凌的情况较少。这一现象与部分国外研究结论一致。低龄青少年间等级架构仍较为松散，同伴间关系相对对等，欺凌者难以发掘长期处于低地位等级的个体进行欺凌，因此欺凌者加害范围较广，针对性较弱，时常对某一受欺者欺凌一段时间后转向另一受欺者。这种行为使欺凌者容易引起同伴的不满，成为不受欢迎的对象。初中低年级欺凌行为的这一特点，为欺凌的防控提供便利条件。PBPP 通过正面积极心理引导，在内容设定中侧重对班级体意识的培养，如组织班级开展“跳大绳”体育项目，在简单的活动中培养学生的合作意识、宽容心态、互助共赢精神，有效地加强班级的凝聚力，减少班级内欺凌行为发生的可能性。

从遭受欺凌的时段与地点综合分析，欺凌行为最经常发生的时间段为课间时间，其次为上课时间。这一结果与国内部分研究认为欺凌事件多发于放学后、课下时间段基本一致。前测结果显示，欺凌事件最经常发生的地点为教室(无教师)，其次为操场、走廊，均为学生较为密集而教师难以监管的空间场域。这一结果与国内部分学者分析欺凌高发地点多为宿舍、厕所等较为隐蔽、人员稀少的地方的结论有一定出入。但把这一结果与上文提到的高发的欺凌类型结合分析，可以得出 E 校初中低年级学生总体上实施欺凌行为的主观恶性较低，以称呼同学不雅绰号为主要欺凌行为表现，因此欺凌高发地点较为开阔而非封闭性、隐蔽性区域。据此，PBPP 在实施干预时，除强调文明用语、规范言行外，倾向于引导为主、处罚为辅的欺凌治理政策，鼓励学生互敬互爱，改善同学相处之道，合作共赢，营造和谐、友爱的校园文化，以此来减少欺凌的发生。

(3)初中生实施欺凌类型及实施频数分析

前测问卷列举了 7 类欺凌他人的行为类型，学生勾选其中任一选项即表明其实施过欺凌行为，在参与前测的 282 名初中生中，有 25.53%的人勾选了欺凌他人选项。以实施欺凌类型及实施欺凌频数为基点分析，将 PBPP 开展前 E 校初中生实施欺凌的情况整理为图 4.2。

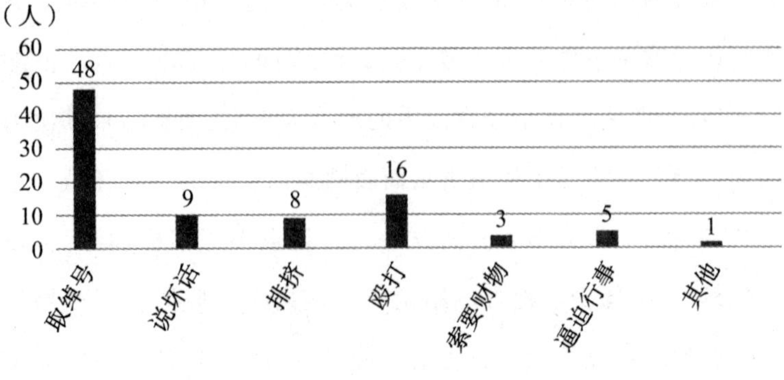

图 4.2　PBPP 实施前初中生实施欺凌类型及实施频数分布图

如图 4.2 所示，相当一部分参与调研的初中学生能够认识到自身实施的行为属于欺凌，这为 PBPP 干预与预防欺凌奠定了良好的基础。在高发欺凌形式中，“取绰号”类言语欺凌发生率居高不下，甚至大于其他类型欺凌发生数的总和。这一结果印证了初中生遭受欺凌类型分布调查的结果。此外，实施率第二高的欺凌形式为殴打，这与遭受欺凌类型分布调查结果也较为一致。对于同伴互动行为的研究显示，当打闹出现伤害性倾向时，普通儿童通常能够有所意识并适时停止。但是当打闹行为继续恶化，以致发展为威胁与恐吓时，打闹即转变为欺凌行为。欺凌并非儿童成长的正常过程，此类攻击性行为不是儿童天生具备的，而是后天习得，此类攻击性行为须即时加以制止，否则儿童成年后可能持续延用攻击性行为方式，甚至走上犯罪的道路。

综上，将初中生受欺类型与欺凌类型的前测结果进行比对后发现，言语欺凌与身体欺凌是初中生最高发的欺凌类型，也是 PBPP 要重点干预的目标欺凌类型。首先，言语欺凌虽然发生频率最高，但通常主观恶性不大，多数同学误将其作为开玩笑的方式。故而，对此类欺凌行为的防治，PBPP 考虑从文明用语、规范言行出发，对初中生加强语言使用教育，鼓励学生在同伴互动中增加赞美之词，少用诋毁之语，加强自我修养，减少言语对他人的伤害。其次，身体欺凌是第二高发的欺凌类型。身体欺凌的特征为面对面的冲突，通常是由未解决的矛盾争执恶化而来。身体欺凌的冲突性与公开性使其较易在同伴群体中形成恶劣影响。不但如此，身体欺凌亦是最容易发展为违法犯罪行为的欺凌类型。对于此类欺凌行为，PBPP 以完善校规、严肃校纪为主要防治手段，严厉禁止学生将暴力行为作为解决矛盾的方式。在此基础上，PBPP 引导学生及时将身体欺凌事件上报，要求教师根据 PBPP"七步干预法"流程及时、恰当地干预身体欺凌事件。初中生欺凌类型问卷结果为 PBPP 开展提供可靠的数据资料与重点目标，使得 PBPP 流程设计更具针对性，大幅提高了 E 校初中生校园欺凌防治的有效性。

(4)初中生欺凌情况的性别分析

将前测问卷调查所得 E 校初中生的欺凌经历以性别作为基点进行分析，整理得出表 4.8。

表 4.8 初中生前测问卷欺凌经历性别数据表

群体类型	性别	人数	百分比(%)
受欺者	男	87	62.6
	女	52	37.4
	合计	139	100.0
欺凌者	男	48	66.6
	女	24	33.4
	合计	72	100.0

从表 4.8 中数据得出,无论是在遭受欺凌还是实施欺凌的学生中,男生数量均远高于女生数量。将遭受欺凌类型与性别分布数据结合分析,发现高发受欺类型中,排名第一的“取绰号”类言语欺凌以及排名第二的“殴打”类身体欺凌都属于较为直接的欺凌方式。早期研究显示,男生更倾向于选择身体欺凌。后期的研究进一步证实,在欺凌方式的选择上,男性欺凌者更偏向公开的冲突性强的欺凌行为,如身体欺凌、言语欺凌;而女性欺凌者更倾向于隐蔽性强的欺凌方式,如社交欺凌。不难发现,受欺凌学生中男生比例高,可能与“殴打”类身体欺凌高发有较大关联。

因此,在“外防”方面,加强教师巡查监管、严肃校规校纪等针对身体欺凌开展的干预措施能够对男生受欺凌率的降低起到积极作用。在内部环境方面,具有攻击性行为的个体聚集于同一群体时,其紧密的关系会加深彼此的攻击属性,增强实施恶劣攻击性行为的可能性。相反，当具有攻击性行为的个体不再处于同类群体中时，群体成员间彼此强化的攻击属性就会减弱，其再次实施欺凌的可能性随之进一步降低。因此，PBPP 指导教师对学生进行“行为监管”与“群体重组”。班主任教师应加强对欺凌行为的监管，当发现班级中的欺凌风险群体时，即对该群体实施解构与重组，将群体成员与积极个体组合为同伴群体。通过积极同伴的影响，减少此类成员的欺凌属性，提高其自我道德修养，端正自身修为，培养积极健康品质，通过内化积极同伴影响减少欺凌思想，控制欺凌事件的再发率，减少潜在的欺凌者。

(5)初中生班级欺凌数据分析

以同年级班级作为基点整理初中一年级欺凌数据，进行班级间结果的横向平行比较，通过对欺凌发生率较低的班级已有欺凌防治措施的深入剖析，PBPP 可以吸收其有利经验并进一步推广(见表 4.9)。

表 4.9　初中前测问卷班级欺凌数据表

		一班	二班	三班	四班	五班	六班
受欺者	人数	17	10	13	16	11	10
	百分比%	35.42	20.83	28.26	35.56	23.40	21.74
欺凌者	人数	5	0	2	3	0	0
	百分比%	10.42	0.00	4.35	6.67	0.00	0.00
欺凌受欺皆有	人数	12	8	5	10	13	14
	百分比%	25.00	16.67	10.87	22.22	27.66	30.43

表 4.9 显示，PBPP 实施前，在初中一年级 6 个班级中，二班与六班欺凌事件发生率最低。对班级欺凌频数的横向比较便于研究者深入了解 E 校教师已经实施且卓有成效的措施，作为本土经验因素纳入 PBPP 的构建中。在对问卷结果进行分析后，研究者与二班班主任展开前测访谈，了解到二班班主任关注营造团结友爱、互相帮助的班级氛围，处理学生问题时关注打闹、争执与欺凌的辨识，并针对性的采取措施。研究者在与六班主任的访谈中了解到，在问题行为干预方面，教师首先要求学生反省错误行为，进行书面检讨，然后在班级会议中指出错误行为，达到全员警戒。在欺凌行为处罚过程中，教师关注保护学生隐私，对事不对人，小范围处理欺凌事件，避免欺凌者担负标签效应。

(6)初中生在校好友情况分析

基于前测问卷对 E 校初中生欺凌经历搜集的数据，为了解学生在校欺凌经历的环境因素，问卷调研欺凌者、受欺者与欺受皆有者三类群体的在校生活情况，包括在校感受、在班感受、好友数等，将所得数据与已知的学生欺凌经历数据统合分析，得出环境系统对学生欺凌经历的影响因素（见表 4.10）。

表 4.10 初中生前测问卷在校情况调查表

题目	作答选项	群体类型	人数	百分比(%)
你是否喜欢上学?	喜欢	受凌者	46	59.74
		欺凌者	7	70.00
		欺受皆有者	27	43.54
	一般	受欺者	28	36.36
		欺凌者	3	30.00
		欺受皆有者	27	43.54
	因学习问题讨厌上学	受欺者	1	1.29
		欺凌者	0	0.00
		欺受皆有者	7	11.29
	因同学问题讨厌上学	受欺者	2	25.97
		欺凌者	0	0.00
		欺受皆有者	1	1.61
你在学校是否有好友?	没有	受欺者	2	2.59
		欺凌者	0	0.00
		欺受皆有者	0	0.00
	有一个	受欺者	4	5.19
		欺凌者	1	10.00
		欺受皆有者	3	4.83
	有多个	受欺者	71	92.20
		欺凌者	9	90.00
		欺受皆有者	59	95.16

续表

题目	作答选项	群体类型	人数	百分比(%)
你是否感到班里有同学不喜欢你?	从不	受欺者	41	53.24
		欺凌者	6	60.00
		欺受皆有者	28	45.16
	有时	受欺者	35	45.45
		欺凌者	4	40.00
		欺受皆有者	29	46.77
	总是	受欺者	1	1.29
		欺凌者	0	0.00
		欺受皆有者	5	8.06

从表 4.10 的数据可以看出,在上学的感受方面,欺凌者全部选择积极或中性的情绪表达选项,70%的欺凌者明确表示喜欢上学。这一比例在受欺者、欺凌者以及欺受皆有者三类群体中是最高的。多项研究结果表明,具有攻击性属性学生的受欢迎度较高,尤其在初中与高中时期,肢体与社交类攻击行为成为学生获得更高欢迎度的预测因素。因此欺凌者可以被分为两个亚属:一类为受欢迎的欺凌者,在群体内处于较高地位等级,对群体成员具有一定影响力;一类为不受欢迎的欺凌者,通常被群体边缘化而处于群体较低地位等级。这两类欺凌者的最大区别在于,前者多被群体成员视为受欢迎的领袖人物,而后者通常被视为问题学生,在实施欺凌的同时亦遭受欺凌,有研究者将其单独归类为欺受皆有者。

与教师及家长的日常期望有所不同，相当数量的欺凌者喜欢上学，为颇受欢迎的学生。前测调研中搜集的学生在校信息亦印证这一结论。造成这种情况的原因之一是随着年级的升高，青少年学生群体内等级日益显著，群体成员对高地位等级的追求变得愈加狂热，能够更好地规划与运用攻击性行为以有效获取地位等级的群体成员，最终正是群体中拥有高权力等级的成员。

对于第二类被群体边缘化而处于较低等级的不受欢迎的欺凌者而言，其处境与第一类受欢迎的欺凌者有极大差异。这类欺凌者通常为欺受皆有者。此类群体的处境与遭遇使其性格较孤僻，经常受到同伴的排斥，在遭受欺凌时鲜有同伴援助，因此有时较单纯受欺者遭受更多的欺凌。从对在校感受的数据分析得出，欺受皆有者中有56.44%的学生选择中性或消极的在校情绪表达选项。在班感受方面，认为“班里总是有人不喜欢我”的欺受皆有者人数明显高于受欺者或欺凌者。此外，由于欺受皆有者本身的攻击性倾向，其在进行或遭受欺凌时都更易出现直接的肢体攻击行为，这一情况使得欺受皆有者群体呈现男生居多的特征。研究亦证实，男生成为欺受皆有者的比例比女生高4～5倍。此数据可以进一步解释欺凌数据中男生数量高于女生的原因。综上，学校需矫正欺凌只存在于问题学生群体中的片面思想，应面向全校实施全面的欺凌防治措施，提升全员积极心理健康水平。据此，PBPP从三个维度着手改造欺凌行为的环境影响因素。第一，面向全体学校教职工与家长进行欺凌早期预警信号辨别指导，矫正教师与家长以学业成就或受欢迎程度衡量学生综合素质水平的思想倾向，关注学生不良交际行为方式，及时予以纠偏。第二，班级教师应加强学生全员欺凌行为监管，而不是仅关注问题群体，及早发现班级欺凌与受欺高风险群体，通过风险群体解构与积极同伴重组，降低欺凌属性，减少受欺风险。第三，面向全员树立“正心”思想，开展全方位积极心理品格培养，提供道德标准，规范全员言行，营造和谐友爱的校园氛围，使边缘化群体亦能感受到班级微观环境与学校中观环境的爱与宽容，从而摈弃攻击性互动方式。

(7)初中生前测问卷结果小结

通过分析前测问卷搜集到的初中生欺凌情况，PBPP 明确 E 校初中生欺凌群体、行为类型、高频地点、高频时段等关键信息，为 PBPP 更好地针对 E 校初中生欺凌经历实施有效干预奠定坚实的基础。

首先，对初中前测问卷中关于欺凌类型及其频数的分析，使 PBPP 明晰 E 校初中欺凌防治的重点行为类型：言语欺凌与身体欺凌。为此，PBPP 从学校、班级、个人、社区四个层面入手，着重实施对上述欺凌类型的干预。

在学校层面，PBPP 从三个维度着手实施干预。第一，面向全校师生，普及欺凌类型与应对技巧。PBPP 开展的校园欺凌防治系列报告“防治欺凌，坚持到底”中专门涉及言语欺凌与身体欺凌话题，为全体学生提供应对指南，为教师提供干预指导。第二，面向学生，规范个体言行，培养积极品格。针对言语欺凌，PBPP在实施中专门设置规范学生言行的校级与班级主题活动，如“与文明同行”“告别陋习，走向文明”“遵守礼仪，规范言行”等主题。针对身体欺凌，PBPP在防治中关注学生积极健康心理的培养，宣扬“友善”“团结”的优秀品质，开展“立夏斗蛋”“昆嵛山远足”等多项活动，营造和谐友爱的校园环境。第三，面向教职工培训欺凌行为辨识技能。在教师培训中，PBPP指导教师对打闹与欺凌进行区分。虽然打闹也具备攻击性特征，但是在打闹中参与双方的角色可自主选择以及随意调换，打闹中的双方是自主参与到行为中来的。在欺凌中，受欺者一方是被迫进入到欺凌情境中的，欺凌者与受欺者的角色几乎持久不变。因此，教师能够正确辨别打闹与欺凌行为是实施有效欺凌干预的基础。在此基础上，PBPP组织教职工加强课堂以及课间时段班级、走廊、操场等高危区域的欺凌行为监管，及时发现并制止恶性攻击性同伴互动行为。

在班级与个人层面，PBPP强调团结友爱、互助共赢，提出多项促进同伴积极相处的方案。如举办“快乐交友，勇于说不”主题班会，教会学生拒绝参与实施身体欺凌行为；举行“凝心聚力，为团添彩”主题班会，加强学生集体意识；开展拔河比赛，引导学生以集体为荣，杜绝小团体“抱团”情况。重组高风险群体，削减群体成员欺凌属性，鼓励其在活动中与积极同伴建立和谐伙伴关系，杜绝欺凌心理的产生。

在社区层面，由于身体欺凌易恶化为违法犯罪行为，故有针对性地开展“法制教育——遵纪守法，构建和谐校园”等法制教育专题系列讲座。讲座由法制副校长主讲，法制干警辅助，讲座内容明确强调规范意识、惩罚制度，教导青少年拒绝校园暴力行为，尊重他人、友善待人。此外，组织学校、家长、社区共同参与“感恩与责任”系列活动，强调和谐共赢的群体规范、友好团结的相处之道，使学生感受到家长的关爱与社区的包容，并将积极的情绪体验融入学校生活中。

其次，在以性别为基点的初中生欺凌经历分析中，PBPP 意识到参与欺凌的男生数量明显高于女生。这一结果结合身体欺凌的高发性分析，表明男生可能较多地参与身体欺凌类等公开面对面的欺凌行为，这也符合学者对男生常用欺凌形式的共同看法。为此，PBPP 强调增加高峰时段巡查次数与监管力度，要求学校在课程安排上采取错峰方式，减少学生大量聚集而教师监管缺位的情况发生。此外，班主任与任课教师加强在课间时段、午休、放学后等欺凌高发时段在欺凌高发区域的监管，通过情境预防减少欺凌发生。

最后，通过前测班级欺凌频数结果分析，研究者发现二班与六班欺凌率较低。通过对两班班主任教师进行深入访谈，发现班主任在处理学生问题时注重营造团结友爱、互帮互助的班级氛围。当学生发生错误行为时，教师的惩戒措施除要求学生反省自身错误，亦会在班会中指出错误行为，给全班同学以警示，但惩戒方式遵循“对事不对人”的原则，保护学生隐私，避免欺凌者担负标签效应（详见班主任前测访谈分析）。两班诸多措施与PBPP欺凌防治宗旨不谋而合，同时也促使PBPP在班级层面措施中更加强调班会的重要效果，在欺凌惩罚措施的制定中强调“应适宜、为集体”的宗旨。

综上，作为欺凌信息收集的重要一环，对初中前测问卷中学生基础信息的搜集与分析，使研究者更好地了解了E校初中生欺凌发生的环境系统、情境关联、行为成因等要素，为PBPP具体措施的完善提供了必要的数据支撑与实施指导。

2.高中生前测问卷结果分析

E校高中实行寄宿制，85%以上的学生为住校生，学校实行一周小休、两周大休的政策。[①] 校区管理严格，规则完善，奖惩分明。但是由于学业任务紧张，PBPP实施期间学校只实行过两次大休，因此学生在校时间非常长。学生大部分时间在教室或宿舍。高中参与调研的班级为所有平行班。[②] 研究者与高中部分管副校长沟通了解到，高中一年级这5个班的班主任教师均为青年教师，其中一班班主任为女教师，其他均为男教师，所有教师的学历均为硕士研究生，教龄均在1年以内。高中部分

① 小休指周日中午12点下自习后自由活动至下午3点返校。大休指周六晚上下晚自习后自由活动至周日下午返校。

② 中考成绩在630～680分之间，符合E校录取分数线的低分数段学生进入平行班学习。体育生、艺术生均分配于平行班学习。

管副校长为男性中年教师，学历为本科，教龄在 25 年以上。高中生前测调研采用的问卷与初中生一致。调查内容依然包括：学生在校情况，如在校感受、在班感受、好友数；学生欺凌经历基础信息，如受欺类型及频数，欺凌类型及频数，欺凌高发地点、时段、群体、欺凌与性别相关性以及高中生班级欺凌情况频数分布等。高中前测问卷调研的目的，是为研究者提供 E 校高中生欺凌基本情况以及学生欺凌经历与个体环境间的关系。

(1)高中生遭受欺凌类型及受欺频数分析

前测问卷列举 7 类遭受欺凌的行为表现，勾选其一即为存在受欺经历，在参与前测的 178 名高中生中，有 39.89%的人勾选受欺选项。根据不同选项的勾选情况，将 PBPP 实施前 E 校高中生遭受欺凌的类型及受欺频数分布整理为图 4.3。

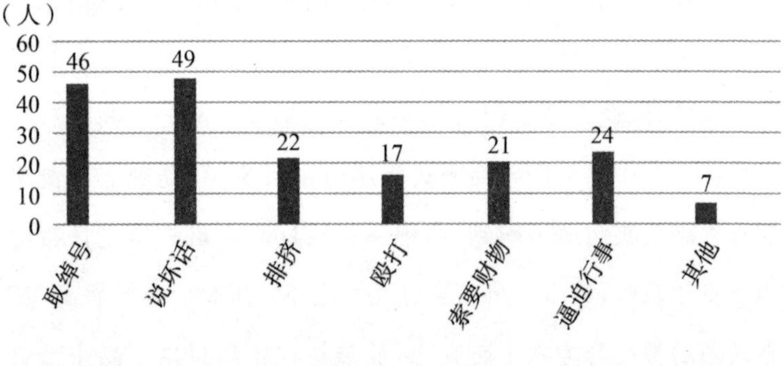

图 4.3　PBPP 实施前高中生遭受欺凌类型及受欺频数分布图

从图 4.3 数据来看，高中生遭受的欺凌类型排名前三的分别为"说坏话""取绰号"与"逼迫行事"。"说坏话"作为频数最高的受欺凌类型，虽然属于一种言语欺凌，但其自身亦带有社交欺凌的属性，因为说坏话的目的通常是在人际交往中给他人制造壁垒，或试图孤立他人，或拉拢同盟共同抵制他人。当“坏话”以电信形式传播时，又具备电信欺凌的特征。无论是社交欺凌还是电信欺凌，都有一个共同点即隐蔽性。“说坏话”欺凌的高发生率说明 E 校高中生的欺凌手段有从公开转向隐蔽的趋势。这一转向可能由两点因素造成。其一，E 校高中生管理非常严格，对问题行为及处理措施有明确的规定，教师与学生均需严格按照规定执行，因此学生害怕因公开实施欺凌被发现而受罚，故而转向隐蔽式欺凌行为。其二，研究显示，男性欺凌者偏向使用具有外显性与攻击性的欺凌方式，如身体欺凌；而女性欺凌者倾向于选择隐蔽性的欺凌手段，且偏重使用社交欺凌。在受欺者选择上，女性欺凌者更多选择同性欺凌。因此，遭受“说坏话”欺凌学生频数的增加，成为女生受欺者人数增多的预测因素。

虽然遭受“取绰号”与“说坏话”两种欺凌的人数明显高于其他欺凌类型，但是“逼迫行事”仍然为发生率较高的受欺凌类型。在不同欺凌行为中，“逼迫行事”属于主观恶性较大的一种欺凌类型，其在高中生中的高发性与多项试验数据结果存在一定程度的相似性。研究显示，中学阶段的欺凌行为呈现形式恶化的特征，高中阶段欺凌行为的严重程度高于初中与小学阶段。将中学与小学阶段的受欺者与欺凌者进行对比发现：小学阶段的儿童更加反对欺凌行为，更倾向于反抗欺凌者，而中学阶段的青少年对欺凌行为的态度趋于暧昧，对受欺者的排斥现象加重，也导致受欺者遭受欺凌的程度更重、时间更长。前测问卷搜集到的 E 校高中生受欺类型及受欺频数的调查，使 PBPP 更加关注隐蔽性欺凌内部预防与外部干预措施。

(2)高中生遭受欺凌的时长、群体、地点、时段分析

对 E 校高中生受欺经历的调研结果显示，参与前测的 178 名高中生中，有 39.89%的人遭受过不同程度的欺凌。针对这一部分学生，问卷进一步询问其遭受欺凌的时长、欺凌者类型、遭受欺凌的地点以及遭受欺凌的时段等情况。对此类信息的整合分析有利于更具针对性的实施 PBPP。将问卷题目数据汇总为综合表 4.11。

表 4.11 高中生前测问卷遭受欺凌情况表

题目	作答选项	人数	百分比(%)
遭受欺凌时长	一周以上	12	16.9
	一月以上	9	12.7
	一个学期	10	14.1
	一年	0	0.0
	一年以上	10	14.1
	合计	81	100.0

续表

题目	作答选项	人数	百分比(%)
欺凌群体年级	同班同学	32	45.1
	同年级同学	7	9.8
	高年级同学	1	1.4
	低年级同学	2	2.8
	合计	42	59.2
遭受欺凌时段	上课时间	16	22.5
	课间时间	24	33.8
	广播操时间	12	16.9
	午休时间	17	23.9
	总计	69	97.2
遭受欺凌地点	操场	10	11.2
	走廊	11	12.4
	教室(无教师)	18	20.2
	教室(有教师)	14	15.7
	厕所	13	14.6
	上学放学路上	7	7.9
欺凌群体性别	只有一个男生	8	11.3
	两个及以上男生	8	11.3
	只有一个女生	7	9.8
	两个及以上女生	4	5.6
	男、女生都有	13	18.3
	合计	42	59.1

表 4.11 从多个方面呈现出高中生的欺凌情况基本信息。在欺凌时长方面,选择"一周以上"或"一个学期"的学生较多,可能与高中参与调研的学生均为高一学生有关,因为入学时间较短,学生高中阶段的受欺时间不长。但值得注意的是,选择较多的选项还包括"一年以上",说明在高中生中有部分学生长期处于遭受欺凌的困境中。多项试验证实,随着中学生年级的增高,欺凌行为发生率亦升高。对这一情况的研究得出:中学时期青少年群体等级结构日趋完善,等级地位差异逐渐显著。同伴等级结构中等级较低、较弱小的个体被暴露出来,从而更易被欺凌者发现并遭受欺凌,且难以摆脱欺凌困境,从而长期处于被欺凌的状况之中。因此中学时期的受欺者范围更小,遭受欺凌的时间更长。

在欺凌者年级方面,同班同学仍然是欺凌主体人群。运用群体社会化理论进行分析,将班级视为一个群体,部分欺凌者处于受欢迎的高群体地位等级;由于个体性格特征与缺乏紧密的友谊关系,部分受欺者与欺受皆有者处于群体较低地位。此时,同班同学间的欺凌可以看作群体成员为获取或保持较高等级地位而实施的操控性同伴互动行为。因此,当群体等级结构发生变化,欺凌者不再处于受欢迎的高地位等级,受欺者不再被群体排挤,欺凌的发生率就会随之降低。

在受欺凌时段与地点方面,前测问卷数据显示高中生经常遭受欺凌的时段为课间与午休,经常遭受欺凌的地点为教室、厕所与其他，将此数据与E校要求高中生在午休时段回宿舍休息这一情况综合分析，推断出受欺高中生经常于课间时段在教室、厕所遭受欺凌，于午休时段在宿舍遭受欺凌。由于宿舍是教师监管较少的区域，因此欺凌行为多发生于午休时段再次印证高中生欺凌的隐蔽性。将高中生前测数据中遭受欺凌的时段、地点信息与遭受欺凌类型结合分析，发现地点的隐蔽性与欺凌类型中逼迫行事的高发有一定关系，推断E校高中生在课间时段于厕所等隐蔽地点实施逼迫行事等较为恶劣的欺凌行为的情况多发。

针对以上情况，PBPP在学校层面与班级层面的措施增添相应干预措施。学校层面措施分为两个维度。第一，两次举办欺凌防治校级报告，面向全体学生专门就社交欺凌、电信欺凌与身体欺凌的辨识、预防与应对提供具体指导。第二，强调监控的重要性。PBPP首先要求学校改造隐蔽、封闭区域的空间布局，在厕所外、走廊上加装监控设备，整修草丛、封闭楼梯间，减少欺凌发生的物质情境因素。其次，加强对半封闭式欺凌高发区域的监管，如宿舍、厕所的巡查监管，禁止学生前往隐蔽区域活动。在班级层面，通过开展主题班会“好朋友与坏朋友”、小游戏“找呀找呀找朋友”与欺凌情境角色扮演等方式，发动学生找到志同道合的好伙伴，并告诫学生在相处中坚持“友善”与“宽容”的积极心理品质，不以大欺小、仗势欺人。

(3)高中生实施欺凌类型及实施频数分析

前测问卷列举7类欺凌他人的行为表现，勾选一项即表明为实施过欺凌,在参与前测的 178 名高中生中,有 20.79%的人勾选欺凌他人选项。根据不同选项的勾选情况,将 PBPP 开展前 E 校高中生实施欺凌的类型及实施频数整理为图 4.4。

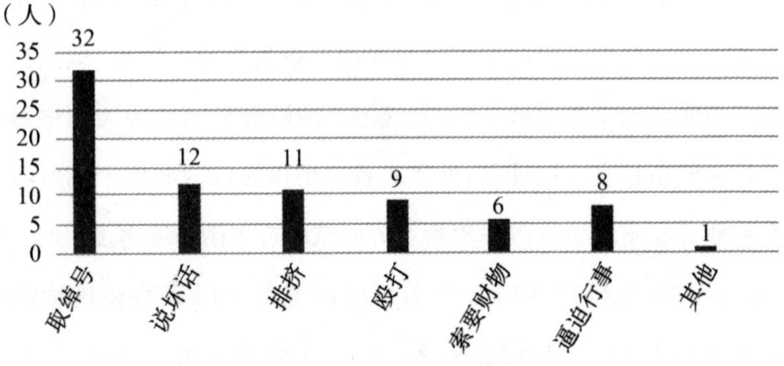

图 4.4　PBPP 实施前高中生实施欺凌类型及实施频数分布图

图 4.4 显示,高中生前测数据中,高发欺凌类型与高发受欺类型的调研数据并不一致。在实施欺凌类型中,汇报自己实施过"取绰号"欺凌行为的学生数明显高于其他欺凌类型,接近于其他各项的总和,然而在图 4.3 中,"取绰号"并不是排名第一的受欺形式,"说坏话"才是发生率最高的受欺行为。高频欺凌类型与高频受欺类型调研数据的差异反映出两方面的问题。

一方面,E 校高中生实施"取绰号"欺凌的人数众多,范围较广,将这一数据与遭受欺凌高发地点是教室、实施欺凌最多的群体性别为男女均有等数据结合分析,推断出三组数据的内在相关性,即 E 校实施欺凌的学生中采用"取绰号"类言语欺凌的学生数量最多，男女均有，发生频繁且高发地点为教室。这一结果说明 E 校高中生对欺凌行为的认知不够全面，只视严重的校园暴力为欺凌行为。无论是“取绰号”欺凌的高报告率还是教室作为高危欺凌地点的出现均体现出高中生对“取绰号”欺凌行为实施的随意性以及对其可能后果的忽视。这种现象主要与同伴群体中的社会比较现象以及校园欺凌知识普及度低有关。群体社会化理论认为，群体会找到个体的某一特征，并根据这一特征来对待该个体，形成群体对这一个体的“偏见”，其最直接的体现形式即是昵称或绰号，随着使用范围扩大，绰号成为群体为个体贴上的标签。此类不良标签一旦出现，个体便很难摆脱，此类标签就成为“自我实现的语言”，会影响其他成员对待标签个体的态度，而此类态度最终亦会唤起其所期待的标签个体行为。因此，当学生对校园欺凌行为与后果认知不完善时，不良的绰号标签传播速度更快、范围更广，更易对受欺者造成长久伤害。

另一方面，“说坏话”作为遭受欺凌类型中频数最高的行为，在高频欺凌类型数据中，实施人数却明显低于排名最高的“取绰号”欺凌。这一数据在一定程度上证明，采用“说坏话”方式的欺凌施加群体范围较小、人员集中，属于小部分欺凌者对大部分受欺者实施的欺凌行为。结合此结果数据分析，高中时期，随着同伴群体等级架构的进一步完善，更多地位较低、较弱小的个体被暴露出来。“说坏话”作为典型的操纵同学关系的欺凌手段，更易被渴望获得群体高地位等级的欺凌者采用，而受欺者由于所处地位较低，在欺凌中得不到同伴支持，因此难以摆脱欺凌困境，长期处于被欺凌的状态中。

结合调研数据与社会现实，"说坏话"与"逼迫行事"是 E 校高中生中较为棘手的欺凌问题，也是 PBPP 需要重点关注的欺凌行为。首先，就"说坏话"而言，其具备言语欺凌与社交欺凌的双重特性，且实施过程通常较为隐蔽，实施对象通常具有匿名性。因此，预防此类属性复杂的欺凌类型，PBPP 更倾向于从学生积极健康心理的培养出发，通过由"正心"至"修身"的方式，配合积极同伴的引导，使学生摈弃以操控、诋毁他人为目的的互动方式，转而以团结友爱的态度与同伴相处。其次，就"逼迫行事"而言，由于行为本身主观恶性较大，且易发展为违法犯罪行为，因此，对此类欺凌的预防，PBPP 以加强法制教育为主要手段，配合开展主题报告、主题班会等系列活动，通过严厉惩戒手段的压力迫使学生放弃此类欺凌行为。此外，PBPP 要求学校教职工加强非课时在学校隐蔽区域、封闭空间对学生的监管，减少因监管缺失而发生的恶性欺凌事件。高中生欺凌类型问卷结果为 PBPP 实施提供可靠的数据资料与干预目标，使 PBPP 的内容设计更具针对性，大幅提高校园欺凌防治的有效性。

(4)高中生欺凌情况的性别分析

以性别为基点，对高中生前测问卷中的欺凌作答情况进行分析，整理为表 4.12。

表 4.12　高中生前测问卷欺凌经历性别数据表

群体类型	性别	人数	百分比(%)
受欺凌者	男	35	49.3
	女	36	50.7
	合计	71	100.0
欺凌者	男	21	56.7
	女	16	43.3
	合计	37	100.0

从表4.12中得出，E校高中生在实施欺凌以及遭受欺凌方面性别分布较为平均。将高中生性别分布数据与欺凌类型数据结合分析，发现高中生高频欺凌类型为“说坏话”“取绰号”，而女生更倾向于使用间接的社交类欺凌手段，由此推断，E校高中生中参与欺凌的女生数量较多，欺凌形式具备隐蔽性、间接性等特征。出现这一情况的原因可能有两个：其一，E校对高中生管理非常严格，对违反校纪者施以较为严厉的处罚措施，因此学生公开违反纪律的动力较少。其二，随着高中生社会认知水平的提高，其通过隐蔽手段实施欺凌、操控他人的社交互动技能随之升高。针对E校高中生欺凌难发现、难监管的特点，在实施PPBP时更加注重对其积极健康心理品质的培养，如通过举行“理想信念教育，立志成才”主题演讲、全员参观航院等活动，点燃学生的求知欲，塑造坚韧的意志品质，净化浮躁的心灵，培养“创造力”

“谦虚”“执着”“决策力”等积极心理品质。教育学生将在学习生活中遇到的困难经历与挫败情绪转化为内驱力，为其追寻梦想提供强大的动力，而不是将此类消息情绪用于打压或操控其他同学。

(5)高中生班级欺凌数据分析

将前测结果以班级为基点进行整理，进行班级间数据比较，找到欺凌发生率较低的班级，从而将该班的有利经验在 PBPP 实施中推广，班级欺凌情况分布见表 4.13。

表 4.13　高中前测问卷班级欺凌数据表

		一班	二班	三班	四班	五班
受欺者	人数	14	3	14	5	9
	百分比(%)	41.18	11.11	33.33	13.89	21.95
欺凌者	人数	0	1	2	3	2
	百分比(%)	0.00	3.70	4.76	8.33	4.88
欺受皆有者	人数	11	5	5	4	3
	百分比(%)	32.35	18.52	11.90	11.11	7.32

从表 4.13 的数据统计可以看出，在没有实施 PBPP 的情况下，在高中一年级参与调研的 5 个班中，二班欺凌事件发生率最低。根据这一数据结果对相应班级班主任开展访谈。访谈结果显示，由于班主任是年轻男教师，与学生一样在学校宿舍住宿，因此对学生的监管频率较高，故而学生在宿舍、厕所等隐蔽场合

实施欺凌被发现的风险增加。此为该班欺凌率低于其他班级的主要原因之一。PBPP 吸取该班有利经验，加强教师在宿舍区域的巡视，便于尽早发现与及时解决欺凌问题。

(6)高中生在校好友情况分析

前测问卷结合欺凌经历对 E 校高中生在校基本情况深入调查，从学生在校感受、班级感受、好友数三个方面为学生在校环境因素与欺凌经历的内在关联提供背景信息。将此三项基本信息与已知的学生欺凌经历数据进行整合，形成表 4.14。

表 4.14　高中生前测问卷在校情况调查表

题目	作答选项	群体类型	人数	百分比(%)
你是否喜欢上学？	喜欢	受欺者	13	68.42
		欺凌者	1	5.26
		欺受皆有者	5	26.32
	般	受欺者	19	44.19
		欺凌者	6	13.95
		欺受皆有者	18	41.86
	因学习问题厌学	受欺者	7	58.33
		欺凌者	3	25.00
		欺受皆有者	2	16.67
	因同学问题厌学	受欺者	5	71.43
		欺凌者	0	0.00
		欺受皆有者	2	28.57

续表

题目	作答选项	群体类型	人数	百分比(%)
你在学校是否有好友?	没有	受欺者	9	64.29
		欺凌者	0	0.00
		欺受皆有者	5	35.71
	有一个	受欺者	10	76.92
		欺凌者	0	0.00
		欺受皆有者	3	30.00
	有好多	受欺者	25	46.30
		欺凌者	10	18.52
		欺受皆有者	19	35.19
你是否感到班里有同学不喜欢你?	是的	受欺者	15	50.00
		欺凌者	8	26.67
		欺受皆有者	7	23.33

从表 4.14 中的数据可以看出，在校感受方面，无论是选择“因学习问题厌学”还是“因同学问题厌学”的学生中，受欺者均占绝大多数，这种情况在“因同学问题厌学”选项上尤其显著。在针对受欺者的研究中证实，受欺者通常具有难以或无意抵抗欺凌攻击的肢体、情感或行为特征。受欺者通常处于较低的地位等级，在社交中受到排挤或无视，与欺凌者相比，更不受欢迎，欺凌者选择其作为加害对象亦是缘于欺凌行为受到制止或旁观者挺身相助的可能性较低。单纯的受欺者通常隶属于较小的、主要由其他被边缘化的个体组成的群体甚至不属于任何群体。

因此，对受欺者的帮扶应更加关注积极同伴的庇护功能，使受欺者摆脱弱势处境，勇于反抗欺凌。

将此题的结果与学生好友数量统计结合分析，发现好友缺失的学生多为受欺者与欺受皆有者，其中受欺者人数更多。研究亦证实，儿童或青少年与同伴的关系是否紧密与其是否会成为受欺者有极大相关性。当个体属于一个群体并拥有更多朋友时，其成为受欺者的可能性随之降低。因此，E校高中生中受欺者与欺受皆有者群体的受欺成因之一为缺少朋友的有力支持。故而，PBPP关注校级与班级集体活动的组织，以各式各样的活动为媒介，使学生能够找到朋友并保持的亲密伙伴关系，以抵御欺凌。

班级感受方面，在感觉受到冷落的学生中，受欺者与欺受皆有者依然占据绝大多数。反观欺凌者，可以看到，80%的欺凌者认为班里没有人不喜欢自己。不仅如此，欺凌者在好友数题目统计中全部选择“有很多好友”选项。这一结果再次否定中国学校教师传统思想中认为的“欺凌者一般都是差生，只是少数几个人，也不受学生欢迎”的观点（摘自E校副校长访谈）。研究显示，由于欺凌是学生在同伴群体中追求高地位等级的手段之一，因此，可以规划自己的社交行为，并有效将欺凌用于获取高地位等级的个体，最终亦将拥有高地位等级，成为受欢迎的群成员。相反地，遭到排挤与伤害的儿童或青少年通常处于低同伴等级，得不到其他群成员的支持，受到冷落与孤立。因此，PBPP在教师培训初期即关注欺凌知识的普及与错误观念的更正，对“欺凌是正常成长经历，长大就不再欺凌”“遭受欺凌是受欺者自身问题所致”“欺凌者通常缺乏安全感且不受同学欢迎”“学习好的学生、听话的学生一般不会遭受欺凌”“欺凌经历不会对将来的生活产生影响”等流传于学校教师与学校管理者中的传统错误思想给予及时彻底的纠正，减少反欺凌措施实施中的反向阻力，保证 PBPP 开展顺利，取得有效成果。

(7)高中生前测问卷结果小结

针对高中生欺凌类型隐蔽性与恶劣性的特点，PBPP 主要从学校层面与社区层面着手开展防治措施。

学校层面的措施分为“外防”与“内预”两个维度。在“外防”上，PBPP 指导学校减少校园盲区，加强高危区域教师巡查，从客观环境上降低学生遭受欺凌的可能性。在“内预”上，PBPP 注重消除学生将欺凌视为获取同伴欢迎的手段，在二期安排中推行积极心理健康教育“固本培元，扶正祛邪”专题讲座及系列活动，包括“培养健康心理，扬起人生风帆”主题班会、爬山远足等活动，带领学生舒展身心、锻炼意志、净化心灵，培养学生平和的情绪、健康的心态以及“执着”“友善”“谦虚”“宽容”等积极心理品质。

社区层面的措施亦由两个维度组成。在“外防”上，PBPP 与 E 校法制副校长开展全方位加深合作，进一步规范其工作范围、职责内容与考评标准。在 PBPP 实施初期，组织全校师生参与法制教育报告会，并由此开展一系列法制教育专题讲座及班会等，加强学生法制教育，明确欺凌报告渠道，强化自我保护意识，强调欺凌行为的严重后果。在“内预”上，鉴于高中生受欺者范围更小、遭受欺凌的时期更长等特点，PBPP以培养积极健康的心态为切入点，通过改变同伴等级结构、改善同学关系，使长期受欺者摆脱欺凌困境。PBPP强调加强全员团结、爱、友情、宽容等积极心理的建设。在具体实施中，PBPP开展多项节日体验活动，其中“过年专题活动”强调爱与亲情，让孩子感受到家的温暖，并将父母给予的爱与关怀的积极感受带入班级中分享，引导学生将班级视为其乐融融的大家庭；五一劳动节“劳动一家亲”活动强调爱与宽容，体验父母的辛劳，感恩父母的付出，悦纳弟妹的不同。学生将活动的感受在班级中分享，以积极的心态与同学相处，拒绝等级划分与欺凌观念，宽容同学的错误，帮助困难的同学，营造和谐友爱的生态环境。

针对E校高中生受欺者与欺受皆有者群体缺乏朋友有力支持的问题，PBPP主要从班级层面着手实施防治。第一，在班级外的级部活动中，开展大量需要班级同学分工合作的集体活动，包括跳大绳、植树、斗蛋等。此类活动要求班主任教师有意识地改善班级同伴群体结构，将较为孤僻、因没有朋友而对上学缺乏热情的学生与积极同学群体重组，引导其融入积极朋友圈。第二，在班级内的延伸活动中组织全班同学参与“找呀找呀找朋友”等交友小游戏，为没有合适朋友的学生提供发现志同道合朋友的机会，为处于不良朋友圈子的学生提供加入积极同学群体的机会，为内向、不善交友的学生提供结识更多同学的机会。尽量为班里的每个同学提供“朋友庇护”，减少其因势单力薄而频繁遭受欺凌的情况。

针对 E 校高中生中参与欺凌的女生数量较多，欺凌形式开始具备隐蔽性、间接性等特征，PBPP 在二期流程中安排“激扬生命、开发潜能”积极心理健康教育专题、组织校级活动“航空五院参观”等，鼓励学生塑造坚韧的意志品质，抚平学生浮躁的心灵，培养学生“创造力”“执着”“决策力”的积极心理品质。最后，PBPP 在实施一期与实施二期的流程中均强调教师监管的重要性，尤其要在大课间、午休等时段，对人员稀少的厕所、宿舍等偏僻、封闭的欺凌高发区域进行巡查，从情境预防着手，不给欺凌提供可乘之机。

3.E 校初中生与高中生前测结果对比分析

将 E 校初中生与高中生前测结果进行对比分析有利于 PBPP 根据不同年龄段与心理发展水平的学生特点完善措施、组织活动，提高欺凌防治的针对性与有效性。

首先，在欺凌频数方面，高中生在整体的受欺频数与欺凌频数上均明显低于初中生。这一情况出现的原因之一是处于初中低年级的学生社会认知能力仍处于发展阶段，对欺凌行为的辨识仍然模糊，缺乏明确的校园受欺者与欺凌者的概念，对受害与加害的关系辨识存在困难。因此，可能将同学间的打闹行为或同学矛盾纳入欺凌范围，致使欺凌报告率较高。而高中生对欺凌行为已存在较稳定且准确的认知，能够将同学相处中力量平等的争执与力量不等的欺凌区分开，可以判断出自身是否处于受欺者的位置，因此欺凌汇报率反而较初中较低。此外，E校高中部为寄宿制，85%以上的学生为住校生，校区管理严格，规则完善，奖惩分明。无论是教师还是学生均明确问题行为的严重后果，这是问题行为出现率较低的另一原因。因此，加强专业、科学的欺凌知识普及以及完善校规、严肃校纪是PBPP的首要措施。

其次，从欺凌类型来看，高中生受欺类型频数排名前三的为“说坏话”“取绰号”与“逼迫行事”，而初中生受欺类型频数位于前三位的为“取绰号”“殴打”与“说坏话”。在高中生数据中，虽然“取绰号”仍然属于第二高频的受欺类型，但是“说坏话”作为排位第一的受欺凌类型与初中数据结果不同。“说坏话”在形式上虽然属于言语欺凌，但其本质亦带有社交欺凌的属性。说坏话的目的通常是在人际交往中给他人制造壁垒，或试图孤立他人，或拉拢同盟共同应对他人。以电信设备为传播媒介的“说坏话”欺凌又具备电信欺凌的特征。“说坏话”欺凌形式的高发率说明E校高中生的欺凌手段较初中生而言有从公开转向隐蔽的趋势。

从高中生与初中生受欺高发地点的比较中同样能证实高中生欺凌类型的隐蔽性特征。初中生欺凌高发地点为教室，与其主要欺凌类型“取绰号”的公开性与随意性存在内在联系，但高中生遭受欺凌的主要场所之一为厕所，这与其主要欺凌类型“逼迫行事”的隐蔽性与恶劣性内在相关。为此，PBPP 在“外防”上专门开展针对学生文明用语、规范言行的内容，在“内预”上强调学生自身改造对欺凌预防的效果，安排多项生生互动的集体活动，培养学生“谦虚”“真诚”“友善”“爱”与“宽容”等积极心理品质。

最后，在初中生与高中生欺凌行为性别频数对比分析中发现，初中生中男生参与欺凌的人数几乎是女生的一倍，而高中生中男生与女生参与欺凌的比例基本相当。这一结果结合欺凌类型分析得出，男性欺凌者偏向于使用具有外显性与攻击性的欺凌方式，如身体欺凌；而女性欺凌者倾向于选择隐蔽性的欺凌手段，且偏重使用社交欺凌，而且在受欺者选择上，女性欺凌者更多选择同性欺凌。因此，高中生中女生受欺人数增加可能与遭受“说坏话”欺凌学生频数的增加有一定的关联。初中生欺凌行为具有外显性、直接性的特征。因此，对于初中生的欺凌防治，PBPP 强调在“外防”上完善校规校纪、严肃惩罚制度，加强学校规章制度的威慑力。对于高中生的欺凌防治，PBPP 更注重对学生积极健康心理的培养、自我修养的提高以及自身行为的管控，从“内预”上避免欺凌手段的使用。

4.PBPP 实施前测相关利益者视角分析

前测问卷结果以客观数据的形式为研究者呈现出 E 校当

下欺凌情况，基于问卷数据的分析，研究者对 E 校学生以及学校教职工、法制副校长、家长等相关利益者进行访谈，深入了解 E 校学生当下欺凌行为的背景成因、处置机制与干预效果，将有效措施纳入 PBPP 中，改正无效措施、纠正错误思想，保证 PBPP 校园欺凌防治的有效开展。

(1)学生视角分析

受访学生为女生，来自初中部。采访内容、目的已提前与其家长沟通并获得家长许可，该访谈在学生放学后以电话访谈的形式进行。本次访谈是为了解学生对校园欺凌的看法与认知，为 PBPP 在社区、家校联合环节的流程设置提供参考。从简短的访谈中研究者了解到，学生在学校没有接触过欺凌事件，亦没有接受欺凌知识教育，其认为欺凌是不值得过多了解的小问题。访谈实录如下。

研究者：你曾看到或者听到身边的同学有欺凌问题的吗？

学生：别的班我不知道，反正我们班是没有。

研究者：有没有说话难听，故意口头招惹别人的？

学生：没有。

研究者：那你觉得学校在这方面的情况挺好吗？

学生：嗯。

研究者：那 QQ 群里有吗？比如说脏话，或者辱骂他人的那种？

学生：没有。

研究者：那你认为校园欺凌是个大问题还是小问题呢？

学生：不算太大的问题吧，反正我们班没有。

从该学生的访谈内容来看，她本人没有经历过校园欺凌事件，亦没有目睹或听说过校园欺凌行为，因此，缺乏对校园欺凌的行为辨识、类型特征、后果危害的基本认知。这种情况可能导致其在遭遇欺凌时不知如何回应、目睹欺凌时不知如何抵制，无法为自己与他人提供有力的反欺凌帮助。再者，对欺凌的类型、辨识缺乏基本认知导致其难以分辨班级中是否真正存在欺凌。事实上，对其班级的欺凌前测调查问卷显示，其班级中的欺凌发生率偏高，与该生反映并无欺凌的情况相悖。研究者在回收该班的问卷时发现，有一名学生在匿名的问卷上标注自己的真实姓名，是前测问卷中唯一实名填写问卷的受欺者。将访谈内容与班级问卷结果结合分析，可以看出在全体学生中普及欺凌的重要性。传统的教育理念认为欺凌是只存在于部分边缘化的问题学生中的行为，因此只需对此类学生进行教育矫正就可以解决欺凌问题，然而多年来中外研究证实，受欺者并不固定于某一群体，欺凌者亦可能是受欢迎的群体成员，因此，对欺凌行为的准确辨识是治理欺凌的重要前提。PBPP 在“外防”上从学校、班级、个人、社区多层面同时着手，面向全体学生开展全面欺凌普及与应对技能培训，营造全方位的反欺凌校园氛围。PBPP 在“内预”上强调欺凌预防应从全员培养积极品质出发，通过提高道德标准，提升自身修为，从思想上积极抵制欺凌，内预外防相配合，达到校园欺凌的有效预防与干预。

(2)班主任视角分析

访谈所选对象为初中与高中问卷前测中欺凌频数最低班级的班主任教师，共三位。初中教师分别为二班与六班班主任教师，两位教师均为中年教师，学历均为本科，教龄均在25年以上。高中教师为二班班主任教师，该教师为青年男教师，学历为硕士，教龄为一年。将访谈内容记录如下。

①初中班主任访谈分析

研究者与初中两位班主任的访谈主要关注班主任目前在班级管理中的欺凌预防措施。首先，班主任在访谈中提到对班级团结的重视，比如互帮互助典型事件的宣扬对学生形成的正面影响。生态系统理论是PBPP欺凌防治的重要理论，也是PBPP的基础理论之一，该理论强调团结友爱、互相帮助的班级氛围对欺凌的预防效果，二班班主任将其付诸实践并取得良好效果。其次，访谈谈及对学生问题事件的处理，六班班主任以服务班级的方式对学生实施处罚，这与PBPP“对事不对人”的惩治原则一致。学生在为问题行为负责的同时，亦为班级做贡献，增强集体意识，更有效避免此类行为的再次发生。此外，六班班主任在要求学生反省错误行为并给予全班同学警示的同时，采取保护学生隐私的方式，避免欺凌者担负标签效应。研究者与六班班主任访谈摘录如下。

研究者：前测问卷的初步结果显示，咱班同学的欺凌事件汇报率低，想请教老师在日常教学安排中对同学相处问题是秉持怎样的态度？实施了怎样的措施？

班主任：首先，孩子都是好孩子，都比较听话，刚上初一，没有特别大的问题。

研究者：您在班里专门探讨过同学间应怎样相处吗？

班主任：班会上说的比较多，同学应相互团结，以班集体为荣，有同学遇到困难时主动帮助，同学关系相处基本比较融洽。

研究者：如果出现欺凌的情况，一般怎样处理？

班主任：小问题一般以批评教育为主。

研究者：大的问题呢？

班主任：首先是批评教育，再严重一点可能是罚值日，如果很严重的问题就需要写检查了。

研究者：写检查一般希望达到什么目的？一般包含哪些内容？

班主任：检查的内容要包括事情的起因、经过、结果，是否认识到自己的错误，应该怎么改正，以后遇到此类情况应当怎样应对。

研究者：检查以什么形式上交？需要在班里读吗？

班主任：现在都比较重视学生的隐私，也保护学生的自尊，是不在班里读检查的，一般交给老师就可以了。

研究者:有没有就同学相处问题请过家长?

班主任:还没有。

与两位初中班主任访谈发现,两班在处理欺凌相关的同学互动问题时,从积极品质培养与问题行为预防的角度所秉持的态度与采取的措施均与PBPP异曲同工。首先,在积极品质传扬上,将班级同学中互帮互助、团结友爱的例子作为典范进行口头表扬,积极引导鼓励学生团结互助、友善待人,对积极行为给予嘉奖并发动班级全员效仿推广。其次,在问题行为处罚中,采用为班级做贡献的惩罚措施,惩罚方式通常包括口头批评、检讨等,适合学生的年龄、性别与性格特点,与学生的不良行为相关,帮助学生认识到自身的问题并明确如何改正。惩罚秉承"对事不对人"的原则,在对学生行为问题进行干预的同时,培养学生的集体意识、从他人角度考虑问题的观念、同感心理,防止学生在与同伴相处时再次实施伤害他人的行为。

②高中二班主任访谈分析

在取得分管校长与教师本人的同意后,研究者与高中二班班主任教师展开访谈,内容关注班中高发欺凌类型与处理方式。二班在开学初出现过性质较为恶劣的欺凌事件,由于教师的密切监管得以及早发现,鉴于行为的严重性,对两名学生做开除处理。这次事件的发生对班主任与学生起到警示作用。在后期的班会中,班主任频繁强调班级团结与集体意识,同学间受此影响,互助案例较多。在电信欺凌方面,二班班主任意识到其隐蔽性，布置同学与教师监管，便于及时了解，预防欺凌事件发生。在社交欺凌方面，班主任采取隔离措施，把受欺高风险女生与其亲密伙伴安排在一起，通过朋友庇护减少受欺风险。在家校合作方面，教师尽量引导学生与家长以积极的心态相处，通过良好家庭氛围的感染，促使学生团结友爱，和谐相处。访谈摘录如下。

研究者：在前测问卷结果中看到，咱班同学的欺凌事件汇报率最低，请问您平时在同学关系方面有没有专门的宣讲？

班主任：有，我们在班会上会讲到。我们班在刚入学的时候有过一次欺凌的先例。当时班里有两个体育生，比较难管理，在宿舍里欺负同宿舍的同学。体育生长得比较魁梧，有点以大欺小、恃强凌弱。因为是晚上在宿舍发生的，一开始我不知情，后来这两个学生往那个孩子嘴里塞袜子，吓唬他，往墙上按他，性质很恶劣。后来我查宿舍，有同学反映，那两个学生后来直接被开除了。

研究者：这个情况是两个男生对另外一个男生实施的？

班主任：是的，两个男生都是体育生，但不是对一个男生，是对两个男生。

对于这个事我专门在班会上说了多次同学相处的正确方式。现在我也还经常说要注重班级团结，加强集体意识，基本上每次班会我都会提一下，引导他们在同学关系上相处得比较融洽。

研究者:老师有没有在班里安排"卧底",了解班级同学的日常情况?

班主任:有,但是主要是关于手机问题和早恋。咱班级有QQ群,我在QQ群里了解他们上网的情况。再一个就是宿舍,这个我查得比较勤。

研究者:学校要求老师晚上宿舍值班吗?

班主任:我住在学校的教师宿舍,所以查宿舍比较勤,半夜睡醒还会去宿舍那边溜一趟。

研究生:有严重的情况吗?

班主任:有一个孩子,比较孩子气,一有事就哭,她跟宿舍同学相处有些问题,彼此都不想交往。她跟同桌相处也有问题。

研究者:这种情况怎么处理的呢?

班主任:最后还是把她调到比较好的朋友旁边一起坐了。现在的孩子比较霸道,容易激起矛盾,所以还是调开了。

研究者:班级出现过闹矛盾的事吗?

班主任:我抓班级比较严,所以纪律这块现在基本上不用多说,都比较自觉。

研究者:有家长反映学生受欺凌的情况吗?

班主任:欺凌没有,有反映过其他问题的。一般这种情况，我会先跟孩子谈，谈完我再跟家长说孩子什么情况，家长再对孩子做引导。这只能慢慢地去引导，要是直接来狠的，他们肯定也不听。现在这帮孩子跟家长的关系普遍不好，对家长的态度比我们那时候要差很多。家长和孩子吵起来的情况有不少。

研究者：是不是跟学校压力大有关系？

班主任：确实有。但是家庭氛围好的话，孩子在学校里心态会好一些，班级气氛会好些，孩子心往一处(想)，劲往一处使，矛盾就少。

研究者在与班主任的访谈中发现，在处理欺凌相关的同学相处问题时，老师所秉持的态度与 PBPP 的精神一致，其采取的措施为 PBPP 实施细则提供有利参考。首先，教师对班级生活事无巨细地参与和了解。由于高中部采取住宿制，因此学生长期聚集于教室、宿舍等区域，如果缺乏教师的监管，此类学生密集的场所会成为欺凌高发区域。但是班主任老师在教室与宿舍区域都保持高频度的监管，并在开学初发现一起较为严重的欺凌事件。在事件发生后，班主任没有淡化伤害、模糊事实，而是马上上报学校。由于 E 校校规非常严格，立即对欺凌者施以开除处分。其次，班主任对班级氛围的掌控还体现在其对手机、班级 QQ 群的管控中。对未成年人案件统计的数据显示，以 QQ 为媒介所引发的违法犯罪事件数量日益增多。对班级 QQ 群的掌控帮助教师了解班级学生群体组成，此为教师防治班级内欺凌事件的重要手段之一。较受欢迎、占据较高地位等级的欺凌者所处的群体，经常包含其他较突出的个体，此类群体的存在会影响其他群体成员为获得相似权力等级而同样将欺凌作为操纵他人的手段。因此，针对此类欺凌者，教师通过引导群体规范、树立积极的社交观等方式，有效减少群体成员通过操控他人获得权力的观念，进而减少欺凌发生。在QQ群的交流中，教师易于发现不受欢迎、遭受排斥而被边缘化的个体，通过引导其加入积极的群体活动并建立积极紧密的友谊关系，可以避免其成为受欺者或欺受皆有者。鉴于班主任的成功经验与网络媒介的兴起，PBPP在内容流程中特意安排有关电信欺凌的内容，并为教师提供具体指导意见。最后，在与班主任的访谈中暴露出学生与家长的关系紧张问题，从生态系统理论的校园欺凌观分析，家庭与同伴均是学生最直接的微观系统因素，两者组成中观系统，在家庭中的行为习惯会潜移默化地渗透到学生在校与同伴相处的行为态度中。此外，如果在家庭中与家长长期处于紧张关系，那么学生就可能处于焦虑、抑郁、愤怒等消极情绪状态中。一般压力理论认为，在压力条件下，消极情绪作为中介作用可能引发不良行为。因此与家长的紧张关系可能成为学生欺凌行为的导火索。因此，PBPP在实施中多次安排增进亲情的节假日主题活动，如春节“过年专题活动”、五一劳动节“劳动一家亲”活动等。通过浓浓亲情的感染，使学生在同伴相处中亦能坚持“爱、信念与希望、友善、真诚”等积极品质，抵制欺凌行为的发生。

(3)家长视角分析

研究者随机选取一位家长,就其所了解的 E 校欺凌情况展开访谈。受访家长为初中部某男生母亲,高中学历,工薪阶层。访谈在放学后以电话采访形式进行,访谈目的是了解家长对校园欺凌的认知,为 PBPP 在社区层面的措施提供参考。由于家长的文化程度与职业限制,采访用语较随意,部分以方言形式进行。在短暂的采访中,研究者发现家长在谈及欺凌问题时戒备心较强,对孩子学校的欺凌情况基本没有了解,访谈时才了解到班里有欺凌情况。不仅如此,家长对欺凌的认知模糊,与打闹混为一谈,并认为欺凌防治是学校的事情,只要学校管理严格就不会出现欺凌。访谈摘录如下。

研究者:请问据您了解孩子学校是否有欺凌的情况?

家长:为什么问这个?

研究者:做个调研,家长。

家长:儿子,你们学校有人受欺负吗?(身边孩子回答“有”)

研究者:有?

家长(问身边孩子):怎么受欺负的?奥,××同学嘴不老实,喜欢去叨叨别人,叨叨恼了别人就捅(手指戳)他一下,没有什么。

研究者:您认为这属于同学间打闹吗?

家长:都是小打小闹没有大事,他班老师管得那么严,哪有大事！上课说话老师都罚站，站很久。

研究者：那么班级 QQ 群里有这类情况吗？

家长：没有，我们班 QQ 群很老实，一点动静没有。为什么要调查这个呢？

研究者：我们主要针对校园欺凌问题了解一下家长的看法和意见，以便推进下一步欺凌防控工作。

家长：奥，以前有大的欺负小的，现在学校管得严格，哪还有这种事。

从这位家长的访谈作答中可以看出，家长对欺凌的认知更多地局限于身体欺凌，对不同的欺凌类型没有较完善的了解。对学生间争执、打闹、欺凌的行为辨识模糊不清。对学生间的欺凌行为抱着大事化小、小事化了的心态。与孩子就欺凌问题的交流浮于形式，难以真正了解孩子自身或所处班级的欺凌现状。从前测问卷结果来看，实际上其了所在班级中确有欺凌问题存在。鉴于此，PBPP 在内容设置中关注社区层面活动的安排，顺通学校与家长的联络渠道，拉近孩子与家长的沟通距离，让孩子在亲历或目睹欺凌事件的时候愿意并且能够尽早告知家长或其他重要成年人。同时，PBPP 为家长提供欺凌辨识、危害与应对培训，指导其识别早期欺凌预警信号，初步判定欺凌性质，尽快联络学校教师，积极协助欺凌防治。

(4)学校管理人员视角分析

研究者与学校管理人员的访谈专注于了解管理人员对校园

欺凌概念的认知以及对本校欺凌状况的了解程度，以自上而下的视角为 PBPP 在该校的实施以及流程安排提供参考。受访教师为 E 校副校长，男性，从事教师工作 20 年以上。访谈内容摘自研究者与副校长初次就 PBPP 的开展进行探讨时的对话内容。从访谈来看，该校长首要关心的是 PBPP 的实施是否会占用过多学校教学时间，并希望尽力压缩内容，这是因为校长认为欺凌事件鲜少发生，不必花大量时间在学生中宣讲欺凌知识，而且担心家长会因耽误学习进程而颇具怨言。此外，校长还认为欺凌行为只存在于差生中，并将欺凌与打架斗殴概念混淆。在校外欺凌方面，校长明确表示很难干预。访谈概要分析如下。

副校长：PBPP 要实施多长时间？

研究者：最好能运行一学年，保证实施的完整性。

副校长：这个时间太长了，耽误学生的学习，压缩一下吧。

研究者：很多内容是在班会以及周一升旗仪式中进行的，并不会耽误学生学习时间。

副校长：奥，我看还有不少讲座的安排。

研究者：大部分的讲座是由咱学校的法制副校长完成的，是一个法制教育系列讲座。咱学校的法制副校长以前也进行过几次宣讲。

副校长：以前讲的次数比较少，一年讲一次，这个系列讲座比较多，讲座不能占用太长时间。

研究者：一般是周三、周六的自习时间，让学生知法懂法，不使用暴力手段。

副校长：这个欺凌是存在于少数学生中的现象，并不是大面上的事，大部分学生没有欺凌行为，对这个也不关心，所以你跟他们反复讲他们也没有兴趣。

研究者：咱学校收到过多少份欺凌报告？

副校长：很少，咱学校管得严，基本没有打架斗殴的。

研究者：在校外、上学放学途中有吗？

副校长：这个没有收到报告。校外我们也没法管，谁管呢？只有老师上下学看见才知道。一般也看不见，他们都很隐蔽吧。

研究者：有发现网络上的欺凌事件吗？

副校长：那更没有，手机在学生手里，要看家长怎么管，就是报给老师，老师也没法管，也没有收到家长这方面的报告，老师也没有发现。欺凌是小概率事件，就是几个差生可能有这种情况，离大部分学生都很远，所以如果你安排的活动太多，家长会有意见。

研究者：其实主要是将欺凌防治融于学生日常学习生活中。

副校长：要融入就要占用课时，那老师就不高兴，可能自习课他还想补补课。家长也不高兴，现在学习压力这么大，学生在学校不学习，搞这么多活动家长也不理解。我们家孩子没欺凌，为什么要天天学习欺凌，把学习学好了谁也不敢欺凌，学不好说别的也没用。

研究者：我们可以安排家长宣讲会，跟家长讲一讲欺凌。

副校长：家长会可以开，家长一般比较关心同学交往啊、早恋啊这一类问题，这个可以给他们讲讲，他们愿意来听。当然，既然要实施 PBPP，还是要做到位，实施期间有问题随时负责解答，保证圆满完成。

从对该学校管理人员的访谈中可以看出，其对欺凌的了解受限于传统思想对欺凌的理解，例如“欺凌只存在于差生之中，好孩子不会参与欺凌”“参与欺凌的都是男孩没有女孩”“取绰号、散布谣言都是小打小闹，没有必要严肃处理”“受欺者自身也有问题”等，将欺凌局限为极少数学生的行为，使得管理者在安排 PBPP 工作时，认为面向全员的欺凌知识普及是不必要的。对欺凌行为危害认识的偏差，导致管理者认为欺凌防治模式的实施打扰学生的日常学习。换言之，管理者仍然存在学业成就影响交际水平的观点，认为好学生不会参与欺凌，亦不会遭受欺凌。然而诸多研究的结果显示，相当一部分欺凌者社交能力高于同龄人且在同学中很受欢迎。鉴于管理者与教师中可能存在诸多传统错误认知，PBPP 在实施前与实施中均安排多次面向全体教职工的全面培训课程，普及欺凌知识，指导欺凌辨识，制定欺凌应对流程，教授欺凌应对措施。仅仅依靠学生的力量应对欺凌是不够的，教师是校园欺凌防治的主力军，教师正确积极的欺凌防治理念是PBPP有效实施的关键。

(5)法制副校长视角分析

研究者与法制副校长的访谈专注于了解H所长出任E校法制副校长以来，对法制副校长工作性质的认识、在校园欺凌方面进行的工作以及在校警联合中已经开展的工作内容与取得的成果，以此为PBPP在校警联合方面的内容设定与实施方式提供参考。受访者为E校实施PBPP前的法制副校长H所长，男性，E校所属片区派出所所长，从警超过20年。访谈内容摘自研究者与H所长初次就法制副校长工作内涵进行探讨时的对话内容。访谈显示，H所长担任法制副校长的时间较长，但是对这一职务的工作职责与考核标准依然不甚明确。H所长任职法制副校长以来，主要进行的工作是法制宣讲，时间为一年一次，或者是学校在出现恶性事件时补讲几场。H所长认为，虽然在政策上法制副校长处于较高的地位，但是在落实中还需公安、学校、教育局三方协作，才能更好地发挥法制副校长的职能。访谈摘录如下。

研究者：所长，您担任E校的法制副校长多久了？

H所长：这个工作一般是学校所在派出所的所长或者副所长担任，我当所长期间一直是我担任。我当法制副校长工作已经很多年了。法制副校长这个概念基本从2000年左右开始，当时也是国家几个部委联合发文，从综合治理的角度开始推进法制副校长建设。但是从文件层面来讲，还没有具体规范法制副校长的工作内容。学校层面也不算规范,有些学校连法制副校长的聘书也没发。E 校要好一些,但是具体到法制副校长聘任的程序、工作职责、考核标准都没有明确。一开始担任法制副校长时,连法制课都没怎么上过,因为我们本职工作也比较忙。最近几年,学校就提出要上几次法制课,大概一年一次吧。上完法制课,后面就没了。我觉得法制副校长,既然是副校长,那应该承担很多责任,比如学生安全、交通教育等一系列的内容,然后才是法制课。现在法制课成了主要的形式。

研究者:您对法制副校长这个岗位的认识是什么呢?

H 所长:既然是法制副校长,那么就应该从公安层面、教育层面落实合作。比如学校归教育局管理,那么教育局需要出台相应的政策,规定如何聘任法制副校长、如何管理、如何考核。公安层面也应该有相应的政策。再有,学校作为最终的单位,也要有规定。可以三方协作,明确规定,但是现在都没有,感觉很散。上层确实将法制副校长放在比较高的位置,强调加强青少年法制教育,也有相应的制度。但是落实到具体执行就比较空。

研究者:学校有没有要求法制课内容涉及哪些方面?

H 所长:有。例如学校经常发生的一些治安问题,包括校园暴力,特指打架斗殴。高中现在管理越来越规范,封闭管理。有时学校里边有欺凌,打到一定程度学校里面的孩子叫社会青年上学校门口，在放学的时候打人。这个时候学校就比较着急，让我们上法制课，找公安协助，这种情况比较多。

但是法制副校长也有干律师的，也有其他口的，他们的情况可能有所不同。

从法制副校长的访谈中可以看出，E校法制副校长的工作内容较为模糊，工作安排较为松散，没有完整的岗位责任与工作效果审查制度，法制教育流于形式。学校问题行为预防意识比较薄弱，在问题行为发生后才与法制副校长取得联系，进行干预。在这种情形下开展的法制教育宣讲，虽然能够起到一定的震慑作用，但教育的渗透力与持久力都大打折扣。与H所长的访谈为PBPP实施提供了非常重要的参考。首先，在前期的学校管理人员培训会中提出加强校警合作的观点，阐明长期有效的法制教育对学生问题行为预防的重要意义，在学校德育处委任教师专员，负责与社区民警以及担任法制副校长的派出所所长联络，安排“法制进校园”、法制教育系列讲座以及上下学路上的校警联合维保工作。其次，将校警联合、法制教育等PBPP工作内容在家长会上进行宣讲，强调家长要知法懂法，鼓励家长加入问题行为的发现与干预中。最后，在PBPP实施一期内容流程中安排法制教育讲座，并将此类讲座贯穿于整个PBPP流程中，让学生充分了解法律知识，时刻坚持法制思想，坚决做到知法守法。PBPP设置社区层面措施的宗旨是形成家、校、警、区欺凌行为社区防控联动机制，保证学生无论在家中、在途中还是在学校经历困难处境时均能够快速获得有效的协助。

5.前测结果总结分析

前测问卷结果为 PBPP 提供 E 校欺凌状况的客观数据分布，前测访谈结果为 PBPP 提供欺凌情况的深入细节描述。根据前测问卷数据分析发现：第一，E 校高发的欺凌类型为言语欺凌与身体欺凌，具体体现为“取绰号”“说坏话”“殴打”与“逼迫行事”等。据此，PBPP 在“外防”方面，关注学生文明用语、规范言行，在学生中加强法制教育；从“内预”上，教导学生提高自身素养，培养友善、爱、宽容等积极健康心理品质。第二，E 校欺凌高发时间段为课间，高发地点为宿舍、厕所。据此，PBPP 加强教师监控力度。在教室中与走廊上主要由班主任与任课教师监管，在午晚休期间，主要由宿管老师协助值班老师监管，保证学生不在隐蔽、封闭、缺乏监管的区域聚集，减少欺凌发生的情境因素。第三，针对缺少好友这一受欺的预测因素，PBPP 强调“结伴而行”计划，即教师为弱势或边缘学生群体专门配备积极同伴支撑，为欺凌高风险群体增加积极同伴引导，通过同伴影响降低欺凌的发生。

前测访谈帮助研究者较为全面的了解 E 校当下的基本状况，包括学生（欺凌参与主体）的欺凌经历、教师（欺凌防治主体）的欺凌认知、家长（欺凌监察主体）的欺凌辨识以及校警（欺凌惩处主体）的法制教育工作现状。总体而言，E 校当下的学生、家长与学校管理人员对校园欺凌仍存在认识不清、意识不足的情况。学校教师与法制副校长由于不了解具体的、可操作的、科学性的欺凌干预流程，难以开展欺凌应对工作。通过对前测数据的缜密研究，在PBPP内容与流程中增添针对性内容，形成适用于E校欺凌特点且具有推广性的PBPP欺凌防治策略。前测数据的收集为PBPP在E校地顺利实施奠定了扎实的基础。

（二）后测结果讨论与分析

后测结果的讨论主要分为两个方面——问卷分析与访谈分析。后测问卷主要调查实施PBPP后E校学生的欺凌经历是否有所改善，问卷主要涉及受欺率、欺凌率、高发欺凌类型、PBPP对E校欺凌氛围的整体改善等内容。由于课程安排、赛事训练等原因，共有265名初中生参与后测问卷的作答，作答率为95%，有效率为99%。共有199名高中生参与后测问卷的作答，作答率为99%，有效率为98%。后测结果的分析主要分为两个维度，前后测结果比较分析与整体改善情况分析。由于初中生与高中生在年龄、认知、情感、学业等诸方面情况的差异，将两者的问卷结果分开论述。基于后测问卷结果，研究者与学生以及学校教职工、法制副校长、家长等重要他人进行访谈，并整合分析结果。

1.初中生前后测问卷结果比较分析

初中生前后测问卷结果对比主要通过将后测学生受欺状

况、受欺形式、受欺频率,欺凌状况、欺凌形式、欺凌频率等数据与前测相应数据进行对比,得出 PBPP 实施后 E 校欺凌状况的改善情况,验证 PBPP 的有效性。

(1)初中生欺凌改善情况分析

后测问卷询问 E 校初中生在 PBPP 实施过程中是否遭受或实施过欺凌,作答情况显示,在 265 名参与后测的初中生中,遭受欺凌者共有 63 名,实施欺凌者共有 27 名,包括 17 名欺受皆有者。此数据证实 PBPP 实施后 E 校初中生的欺凌经历有明显改善。遭受欺凌的学生比例从前测的 49.29%下降到 23.78%,降幅为 51.75%,下降趋势显著,证实 PBPP 在减少 E 校初中生已发与即发受欺经历方面的有效性。欺凌学生比例从前测的 25.54%降至 10.19%,降幅 60.10%,证实 PBPP 在减少已发与即发欺凌行为方面的有效性。将后测数据以欺凌者、受欺者与欺受皆有者三项分类,下降幅度最大的是欺受皆有者的学生比例,从前测的 21.99% 下降到后测的 6.42%,降幅达到 70.80%。研究显示,欺受皆有者较纯粹欺凌者或受欺者具有更多的风险因素,通常表现为冲动性与攻击性,难以控制情绪冲突。这种人格特质使其经常受到同伴的排斥,进而在遭受欺凌时更缺少同伴援助,遭受的欺凌亦更多。鉴于欺受皆有者的高危性,诸多欺凌防治模式难以对此类群体实施有效干预。在实施 PBPP 后,E 校初中生中欺受皆有者人数大幅减少,证实 PBPP 在应对此类群体上的独特优势。

(2)初中生受欺改善情况分析

后测问卷在受欺方面的调查，除询问作答者受欺类型外亦统计学生的受欺频率。该题提供三种频率选项："一次""两到三次"与"每天"。从作答情况看，实施PBPP后，初中生遭受过一次欺凌的有10人，遭受过两到三次欺凌的有30人，每天遭受欺凌的有23人。将此结果合并整理，可得出在PBPP实施后，遭受欺凌的学生中偶尔受欺的占63.5%，总是受欺的占36.5%。结合前测数据可得，在实施PBPP后除受欺事件总量减少外，多数学生遭受欺凌的频率亦明显下降。

(3)初中生受欺类型及其数据降幅分析

后测问卷调查中依然对作答者遭受欺凌的类型及其数据进行调查。将后测数据结果与前测合并呈现，以受欺类型为基点，分析PBPP对E校受欺情况的改善，整理为表4.15。

表4.15　初中生受欺类型及其前后测数据对比

受欺类型	前测(%)	后测(%)
取绰号	82.01	44.74
说坏话	44.60	25.44
排挤	15.11	9.65
殴打	48.92	14.91
索要财物	19.42	4.39
逼迫行事	16.55	6.94

由表4.15可以看出，在初中生前测数据中，"取绰号""说坏

话""殴打"是受欺率最高的欺凌类型。在与后测结果的对比中得出，三项高发欺凌类型的受欺率均呈现不同程度的下降。其中，"殴打"降幅最大，从前测的 48.92%降至后测的 14.91%，降幅 69%。"取绰号"与"说坏话"次之，降幅分别为 57%与 55%。受欺类型及其前后测对比数据证实 PBPP 在降低 E 校初中生受欺率方面的有效性。

(4)初中生实施欺凌改善情况分析

后测问卷统计学生实施欺凌的频率并提供三种频率选项，选择实施"一次"欺凌的学生 6 人、选择实施"两到三次"欺凌的学生 10 人，选择"每天"欺凌的学生 5 人。从作答结果中看出，多次实施欺凌学生的总数是只实施过一次欺凌的学生数量的三倍。换言之，多数的欺凌行为是由小部分个体反复实施的。因此可以认为，实施 PBPP 后，因缺乏监管、突发冲突等由客观因素诱发的欺凌事件明显减少，实施欺凌的初中生人数亦有所降低，证明 PBPP 在 E 校欺凌干预方面的有效性。

(5)初中生欺凌类型及其数据降幅分析

以欺凌类型及其数据为基点，对 E 校初中实施 PBPP 后的欺凌情况进行整理，将后测结果与前测数据合并分析，以验证 PBPP 的实施对 E 校初中生欺凌的改善情况，整理为表 4.16。

表 4.16　初中生欺凌类型及其前后测数据对比

欺凌类型	前测(%)	后测(%)
取绰号	66.70	45.65
说坏话	12.50	9.23
排挤	11.11	0.00
殴打	22.22	1.17
索要财物	4.17	0.00
逼迫行事	6.94	3.84

从前后测实施欺凌类型及其数据的对比中可以看出，三类高发欺凌类型的实施率出现不同程度的下降，降幅最大为“殴打”，下降率为 95%。其次为“取绰号”，降幅 31%，再次为“说坏话”，降幅为 26%。从初中生欺凌与受欺类型的前后测数据对比中看出，“取绰号”“说坏话”“殴打”等三项高发欺凌类型的数据均呈现不同程度的降低。首先，“殴打”等身体欺凌的减少证实 PBPP 完善校规、严肃校纪、强化巡查监管、增强法制教育等措施对打击身体欺凌卓有成效。其次，“取绰号”与“说坏话”类言语欺凌亦呈现明显下降趋势。言语欺凌是出现频率最高却最难防治的欺凌类型之一。导致此结果的主要原因之一是重要成年人对言语欺凌不重视的态度。在前测中，受访教师与家长常出现“孩子口头玩笑，不必多加理会”或者“谁小时候没被开过玩笑，起过外号，都一样成长起来了”的思想表达，仅将欺凌的范围局限于非正当身体暴力行为，对“口头”形式的欺凌并未给予足

够关注，甚至定义为"玩闹"而不予处置。在 PBPP 实施过程中，专门针对言语欺凌问题在文明用语、规范言行、友善待人，提高素养等方面进行严格管控，加强学生、教师、家长全员对言语欺凌的重视，使言语欺凌类行为的发生呈现明显下降趋势。

(6)初中生班级欺凌数据降幅分析

后测问卷依然以班级为基点对 E 校初中生欺凌改善情况进行整理分析，通过班级间数据比较，寻找欺凌发生率降幅较大的班级，在后测访谈中深入了解该班实施 PBPP 的内容细节，以期将其有利经验进一步推广。将前测后测问卷调研数据相比较，得出 PBPP 实施以来每个班级参与欺凌人数的变化数据整理为表 4.17。

表 4.17　初中班级欺凌前后测数据对比

班级	受欺者(人)		欺凌者(人)		欺受皆有者(人)	
	前测	后测	前测	后测	前测	后测
一班	17	9	5	2	12	2
二班	10	6	0	1	8	0
三班	13	4	2	1	5	2
四班	16	14	3	0	10	4
五班	11	7	0	0	13	1
六班	10	6	0	3	14	7

从表 4.17 中可以看出，欺凌参与人数下降最为明显的班级是三班与五班。三班的受欺学生数从项目实施前的 13 人降到

4人,降幅为69.23%,欺凌学生从2人降到1人,降幅50%,欺受皆有者从5人降到2人,降幅为60%。研究者在与三班学生与班主任的后测访谈中了解到,该班在PBPP实施后取得良好的反欺凌效果与学生、教师切实贯彻PBPP的要求相关性较高。首先,营造班级反欺凌氛围。教师参照PBPP流程积极落实欺凌防治系列班会活动,坚持在学生中普及抵制欺凌的积极思想。其次,落实应对措施。教师将欺凌干预技能运用于实际,在收到欺凌报告时,能够冷静应对,恰当处置。再次,培养积极健康心理。学生深受积极健康心理教育感染,在面对其他同学的欺凌困境时,能够勇于维护受欺同学,抵制欺凌行为。最后,严肃欺凌惩治。学校根据PBPP内容,细化欺凌行为处置办法,加大处罚力度,形成正面压力,减少学生实施欺凌的侥幸心理,降低欺凌发现率。因此,三班在PBPP开展以来欺凌参与人数大幅下降,成为欺凌有效防治的典型案例,值得借鉴与推广。

与三班相似,五班在实施PBPP后,欺凌参与人数亦大幅降低。五班的欺受皆有者从13人降到1人,降幅最大,达到92.30%;欺凌学生数始终为0人;受欺学生数从项目实施前的11人降到7人。从数据中可以看出,五班整体的欺凌参与人数在项目实施后大幅下降,证实该班的欺凌状况在PBPP实施后得到明显改善。研究者从该班学生与班主任教师的访谈得悉,PBPP实施后,该班级加强对欺凌认知的普及以及欺凌应对技能的使用,尤其重视治理通过班级QQ群等媒介传播的电信欺凌。在“外防”方面，PBPP 实施一期与实施二期开展的校级欺凌防治系列报告向学生讲解在遭遇欺凌尤其是较为隐蔽、难以取证的电信欺凌时的应对方式，使学生在后期面对此类情境时，可以不慌不乱，泰然处之。在“内预”方面，对学生积极健康心理的培养，使学生在发现同伴遭遇不当欺凌言行时愿意挺身而出，维护同伴、抵制恶行。因此，当电信欺凌发生时，该班学生态度统一，严厉制止，抵制此类网络行为进入学校生活。当网络中出现严重欺凌行为时，学生选择第一时间向老师汇报，寻求教师帮助，并截图留证，配合调查。同时，教师对班级网上动态加强监管，在收到举报后及时、妥善处理。该班完善的欺凌应对流程是 PBPP 内容强调的重点，切实为学生应对现实欺凌给予指导，使欺凌事件得以快速有效解决。

通过对初中前后测问卷结果中欺凌与受欺类型、欺凌与受欺频率以及班级欺凌频数等多个角度数据的对比分析，证实 PBPP 在降低 E 校初中生欺凌发生率方面的有效性。

2.高中生前后测问卷结果比较分析

E 校高中生后测问卷题目与初中生相同。后测问卷调研目的是采集学生受欺形式、受欺频率，欺凌形式、欺凌频率等数据。将 PBPP 实施后的数据与前测数据进行对比，得出 PBPP 实施后 E 校高中生欺凌状况的改善情况，验证 PBPP 有效性。

(1)高中生欺凌改善情况分析

后测问卷询问学生在 PBPP 实施后是否遭受或实施过欺

凌。作答情况显示，在 199 名参与后测的高中生中，遭受欺凌的学生共有 36 名，实施欺凌的学生共有 16 名。E 校遭受欺凌的高中生比例从前测的 39.98％下降到 18％，降幅为 54.98％，下降趋势显著，证实 PBPP 在减少已发与即发受欺经历方面的有效性。实施欺凌的学生比例从前测的 20.79％降至 8％，降幅为 61.52％，证实 PBPP 在减少已发与即发欺凌行为方面的有效性。概言之，PBPP 实施后，E 校高中受欺学生与欺凌学生数下降比例均超 50％，证实 PBPP 在 E 校高中生校园欺凌防治中的有效性。

(2)高中生受欺改善情况分析

后测问卷在受欺方面的调查还涉及学生的受欺频率，包括“一次”“两到三次”与“每天”三个频率选项。问卷数据结果显示，实施 PBPP 后，高中生近学期遭受一次欺凌的有 10 人，遭受两到三次欺凌的有 19 人，每天遭受欺凌的有 7 人。将此结果整理分析，得出 PBPP 实施后，E 校高中遭受欺凌的学生中经常受欺的人数比例为 19.44％，显示出 PBPP 实施后高中生遭受欺凌的人数及频数均大幅下降，侧面证实 E 校整体受欺事件总量降低。

(3)高中生受欺类型及其数据降幅分析

在遭受欺凌的后测调研中，对作答者遭受欺凌的类型及其数据进行调查，将结果与前后测数据合并分析，整理为表 4.18。

表 4.18　高中生受欺类型及其前后测数据对比

欺凌类型	前测(%)	后测(%)
取绰号	64.79	27.27
说坏话	69.01	27.27
排挤	30.99	21.21
殴打	23.94	10.61
索要财物	19.58	4.55
逼迫行事	33.80	6.01

表 4.18 显示,PBPP 实施后,高中生遭受欺凌的比例普遍降低。在前测中引起研究者重点关注的"说坏话"与"逼迫行事"两项受欺类型,在 PBPP 实施后频数均大幅下降,位列降幅最大的欺凌类型前两位。"逼迫行事"的降幅最大,由前测的 33.8%降至后测的 6.01%,降幅 82.21%。"说坏话"降幅次之,从前测的 69.01%降至后测的 27.27%,降幅 60.48%。从 E 校高中生高发受欺类型数据的降低能够明确看出 PBPP 的实施对 E 校高中生受欺状况的改善。

(4)高中生实施欺凌改善情况分析

后测问卷关注 E 校高中生实施欺凌频次的变化,从作答情况来看,偶尔实施欺凌的学生有 9 人,经常实施欺凌的学生有 8 人。此结果与受欺率降低结果一致,说明 PBPP 要求学校与家长联合,加强学生的积极心理健康教育、深化学生的法制观念,可以有效抑制学生欺凌行为的再次发生。总体而言,PBPP 开展后，E 校高中生实施欺凌的人数与频率均明显减少，PBPP 的实施有效干预了 E 校高中生的欺凌行为。

（5）高中生欺凌类型及其数据降幅分析

后测问卷调查 E 校高中生实施欺凌类型及其数据，对结果进行统计并与前测数据合并呈现，整理至表 4.19。

表 4.19　高中生欺凌类型及其前后测数据对比

欺凌类型	前测（%）	后测（%）
取绰号	86.47	31.57
说坏话	32.43	23.68
排挤	29.73	13.15
殴打	24.32	13.15
索要财物	16.22	10.52
逼迫行事	21.62	7.89

从表 4.19 前后测实施欺凌类型及数据的对比中可以看出，E 校高中生两类高发欺凌类型的实施率出现不同程度的下降，降幅最大的为“逼迫行事”，从前测的 21.62% 降至后测的 7.89%，降幅 63.51%。“说坏话”欺凌发生率亦明显减少，从前测的 32.43%降至后测的 23.68%，降幅 26.98%。从高中生实施欺凌类型及数据的前后测对比中可以看出，PBPP 实施后，两项高发欺凌类型——“说坏话”和“逼迫行事”的发生率均明显下降。其中，“逼迫行事”的数据下降 63.51%，成为降幅最大的欺凌类型。此类身体欺凌的减少证实 PBPP 在加强法制学习、加

大教师监管、改善情境因素方面的措施效果显著。“说坏话”类兼具言语欺凌与社交欺凌特征的欺凌行为的减少，证明 PBPP 在知、情、意、行方面培养学生友善、爱、宽容、真诚的积极心理品质，引导学生提高自身修为，杜绝恃强凌弱的思想，在同伴交往中秉承爱与宽容的心态，拒绝使用操控性的手段获得更高同伴群体地位等措施取得了高效的校园欺凌防治成果。

(6)高中生班级欺凌数据降幅分析

以班级为基点对 E 校高中生前后测问卷中体现的欺凌改善情况进行整理分析，通过班级间数据比较，寻找欺凌降幅较大的班级，在后测访谈中对其班级措施实施细节深入探讨，以便将其有利经验进一步推广。对比前后测问卷数据，得出 PBPP 实施后，高中班级欺凌下降数据(见表 4.20)。

表 4.20　高中班级欺凌前后测数据对比

	受欺者(人)		欺凌者(人)		欺受皆有者(人)	
班级	前测	后测	前测	后测	前测	后测
一班	14	7	0	2	11	5
二班	3	7	1	1	5	2
三班	14	7	2	0	5	0
四班	5	2	3	1	4	0
五班	9	3	2	2	3	1

表 4.20 显示，欺凌参与人数下降率最为明显的班级是三班与四班。三班的受欺学生数从前测的 14 人降到 7 人，降幅 50%；欺

凌学生数从2人降到0人;欺受皆有学生数从5人降到0人,证实PBPP全面干预该班欺凌者与欺受皆有者的情况,基本达到这两类行为的再发预防。在后测访谈中知悉,实施PBPP前,该班曾发生过欺凌事件,由最初的琐事纠纷演变至最后的身体侵害,由于没有得到适时的干预,最后以学生退学告终。在PBPP实施后,再次发生同学纠纷时,旁观者选择第一时间寻求教师协助。教师到达现场后立即对欺凌事件进行妥当处理,将欺凌情况与家长进行沟通,通过家校联合治理,使学生明确自身行为后果,减少欺凌侥幸心理,降低欺凌发生的可能性。因此,PBPP实施以来,三班欺凌率持续下降,成为有效欺凌防治的典型班级。

与三班相似,在实施PBPP后,四班欺凌发生率亦大幅降低,受欺学生数从项目前的5人降到2人,欺凌学生数从3人降至1人,欺受皆有者从4人降到0人,实现对欺受皆有群体的全面干预,证实PBPP的实施明显改善该班的欺凌状况。

在与四班学生与班主任的访谈中进一步了解到,由于四班女生较多,社交欺凌发生率较高。在处理此类问题时,班主任采用PBPP强调的欺、受双方分开干预的措施,在欺凌事件处理后的跟踪回访中,尽力寻求欺凌方与受欺方的和平相处,以减少欺凌再发,符合PBPP对欺凌再犯预防的指导建议。

E校高中生的前后测问卷结果对比通过对欺受类型、欺受频率以及班级欺凌人数等多方面数据的考究与分析,证实PBPP在全面改善E校高中生欺凌情况,尤其是降低欺凌者与欺受皆有者数量方面的有效性。

3.PBPP 实施后 E 校欺凌整体改善情况分析

(1)PBPP 实施后 E 校报告受欺及境遇改善的分析

后测问卷增加调查遭受欺凌的学生向重要成年人报告情况的题目。首先,问卷询问学生是否报告已发欺凌事件,继而询问报告后受欺情况的改善结果。改善结果选项中给出"在教师、家长帮助下改善""运用欺凌应对技巧改善"以及"没有改善"三个选项。将相关问卷数据整理如图 4.5 所示。

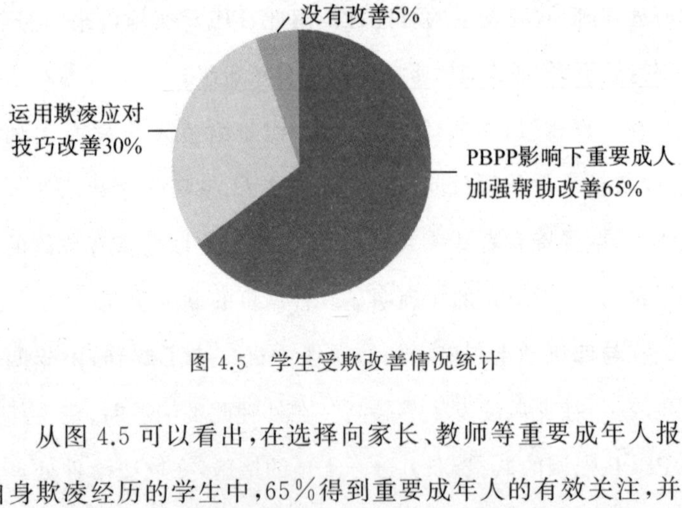

图 4.5　学生受欺改善情况统计

从图 4.5 可以看出,在选择向家长、教师等重要成年人报告自身欺凌经历的学生中,65%得到重要成年人的有效关注,并且通过此类群体的帮助在一定程度上改善了自身的欺凌困境。约有 30%的受欺学生直接受益于 PBPP 开展的欺凌应对课程,通过运用课程中学到的技巧有效抵御身边的欺凌问题。这一结果进一步证实 PBPP 为学生提供的欺凌应对策略操作性强、推广度高，有效改善了学生的受欺情况。

(2)PBPP 实施后 E 校欺凌干预及矫正情况的分析

后测问卷询问欺凌者重要成年人对其欺凌行为的干预情况以及矫正效果。后测问卷首先询问家长或教师是否就欺凌情况与作答者沟通，对该题进行作答整理发现，E 校初中生中 88% 的欺凌者与高中生中 52.9% 的欺凌者与重要成年人就欺凌问题进行过有效沟通。由此看出，在实施 PBPP 后，教师与家长对欺凌行为的应对更加积极。绝大多数教师或家长在欺凌行为发生后采取应对措施，就欺凌行为与学生进行谈话，给予欺凌者足够的关注。鉴于教师、家长等成年人对学生行为的重要影响，其对欺凌行为的重视能够有效降低欺凌行为的再犯率。

问卷继而询问欺凌者改正自身行为的诱因，并给予四个选项，分别为“学习欺凌课程后改正”“与家长、教师谈话后改正”“受到处罚后改正”以及“没有改正”。整理问卷数据得到图 4.6。

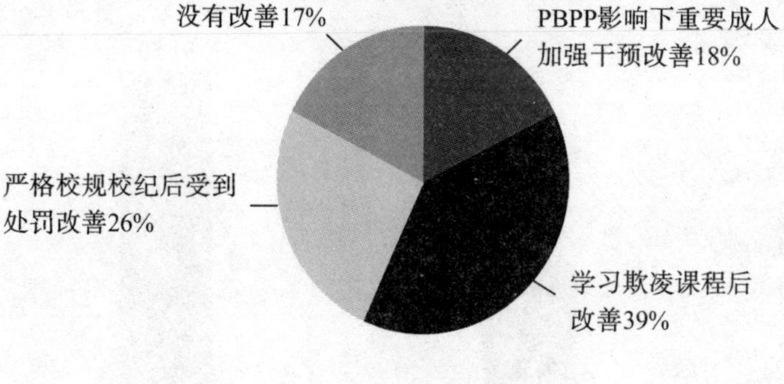

图 4.6　学生欺凌行为矫正情况统计

图 4.6 显示，在 PBPP 实施后，83%的欺凌行为得以改善。其中，39%的行为矫正直接得益于 PBPP 开展的反欺凌系列课程与活动，证实 PBPP 校园欺凌防治内容编排的有效性。26%的学生在受到处罚后改正自身行为，表明 PBPP 在完善校规、严肃校纪方面取得成效，在 E 校建立较为完善的欺凌惩治体系，使得触犯学校规章的、较为恶劣的欺凌行为得以妥善解决。18%的学生行为矫正源于家长、教师等重要成年人的干预，表明 PBPP 实施后教师与家长对欺凌事件的认知度提高、应对性增强，证实 PBPP 提高了重要成年人欺凌干预的积极性与有效性。概言之，以上数据明确显示，PBPP 的实施直接或间接地作用于 E 校学生欺凌者行为的矫正以及再犯的预防。

(3)PBPP 实施后 E 校欺凌辨别与应对能力的提高

后测问卷询问学生在 PBPP 运行中的收获，包括学生的欺凌辨别能力与欺凌应对能力两个方面，将两题答案汇总，整理得图 4.7。

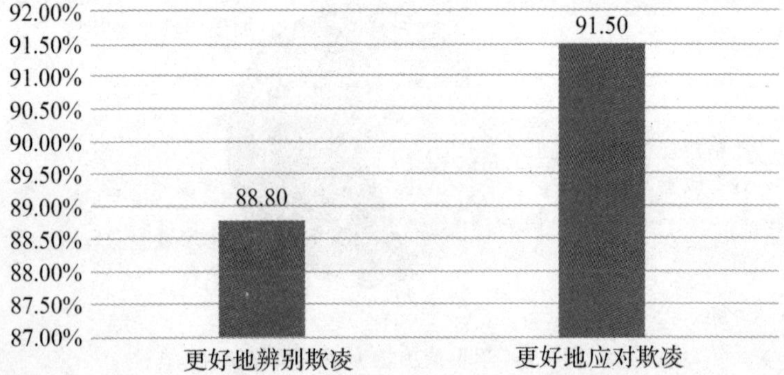

图 4.7　PBPP 对学生欺凌辨别与应对能力的提高

图 4.7 的数据显示，在接受 PBPP 指导后，超过八成的学生能够更好地辨别欺凌行为，这是欺凌干预的第一步。对于受欺学生而言，准确辨识欺凌、玩闹、争执行为，正确认知自身处境，确切地向家长或教师报告自身的遭遇，有利于重要成年人快速有效地对欺凌行为进行干预，避免因混淆行为而导致成年人处理不当。对于欺凌学生而言，明确欺凌与玩闹的界限，可以帮助其认识到自身行为是否具有伤害性。有些偶发的欺凌行为源于欺凌者对欺凌认识的不足，当学生意识到自身行为会伤害他人时，多数偶发的欺凌行为能够避免不继发。在欺凌应对方面，PBPP 指导学生有效应对不同的欺凌类型，对于偶发的或难以搜集证据上报的欺凌行为，为学生提供行之有效的应对措施。超过九成的学生在学习课程后认为自身应对欺凌的技能有所提高。欺凌行为本身是强势对弱势的操控行为，当学生有自信与能力积极抵制或反击欺凌而不再以弱势姿态面对欺凌者时，欺凌行为就会因难以维持而减少。综上，PBPP 为学生辨别与应对欺凌提供有效指导，提高了学生应对欺凌的能力与信心，为校园欺凌的长期稳定防治打下坚实的基础。

4.PBPP 实施后测相关利益者视角分析

为深入探究 PBPP 的实施对 E 校欺凌防治重要群体的思想品格、行为规范的改善效果，研究者在后测问卷的基础上选取 PBPP 实施的相关利益群体，包括学生、家长、学校教职工、法制副校长等展开后测深度访谈。

(1)学生视角分析

为进一步落实 PBPP 效果,研究者与六名学生进行访谈,访谈已征得学生家长与班级教师的同意。访谈中涉及 PBPP 实施前后 E 校欺凌情况的对比。学生在访谈中谈及生动案例,展现出 PBPP 实施前后 E 校学生对待校园欺凌的不同态度。将访谈内容分析整合,从四个维度佐证 PBPP 的有效性。

第一,学生群体对欺凌的态度转变与积极应对。访谈结果显示,在实施 PBPP 后,受访学生旁观欺凌事件时,其行为态度从之前的消极旁观转为积极干预。一方面,目睹欺凌事件时,学生选择首先报告教师,继而告知同学,在家中告知家长,体现出学生对教师与家长处理欺凌能力的信任与信心。学生准确的欺凌报告使欺凌干预流程更加及时、有效。另一方面,当学生遇到能够且应当及时干预的欺凌事件时,在欺凌事件初始期通过转移话题等方式避免欺凌事件升级,然后援助受欺者,最后寻求教师支持,防止欺凌事件的恶化与升级。访谈内容综合如下。

研究者:PBPP 实施以来,老师有没有更多地探讨校园欺凌问题?

学生 1:有。说得最多是注意言行举止。

研究者:你们感觉班里在实施 PBPP 前后有没有不同?

学生 1:有,对欺凌事件的态度不一样了。以前有一次,午休的时候,走廊围好多人,两个女生欺负另一个女生,还让她跪下。当时高年级的同学就说别看了别看了,快走吧。

研究者:有人出来制止吗?

学生1:不知道,都看看就走了,后来老师来了,把女生都叫办公室了。

研究者:噢,最后怎么处理的?

学生1:好像是找家长了。

研究者:这学期实施PBPP以后还有这种事吗?

学生1:有过一次吧,就是有一个女生不小心惹到另外两个女生,这两个就是高年级的,比较"社会",然后就有一次想堵这个女生,结果被这个女生的几个好朋友给制止了。

研究者:怎么制止的?

学生1:就是过去拉着我们班女生说,哎呀,好久不见啊,没事啦没事啦什么的,然后把那个女生拉走了。

研究者:然后就结束了吗?

学生1:对的,那两个女生也没再追究。主要是因为这个女生的好朋友帮了她。旁边看的人也跟着劝了几句,说老师来了,就散了。

研究者:学习PBPP以后,你们目睹欺凌发生的时候,一般会怎么应对?是看看就赶紧走了,还是去报告老师,还是上前劝阻?

学生1:现在一般是先护着被骚扰的同学,跟欺负人的同学说。如果说完他还是不听,就把被骚扰的同学拉走,然后找老师。

研究者:有没有人这时候在周围起哄的?

学生 1:以前也有,但是现在阻拦的多,老师开班会的时候跟我们说过多次了。

从学生访谈内容来看,PBPP 实施前后学生的欺凌应对策略迥然不同。实施 PBPP 之前,在发生欺凌时,旁观者多选择漠然围观,不起哄不制止,亦不去报告老师,潜意识中将欺凌视为课间娱乐活动,纵容欺凌者的行为,轻视此类行为对受欺者的伤害。此外,由于学生无意、不愿或恐惧向教师或家长报告受欺遭遇,导致欺凌者逃脱了应有的惩戒与约束,受欺者的困境无法得到有效的解决。实施 PBPP 之后,当学生遭受欺凌时,受欺者好友首先出手相助,转移欺凌者注意力,将受欺者带离现场,另有同学疏导围观学生,避免受欺者自尊受挫,遭遇二次伤害。更重要的是,学生选择报告老师。在情况比较严重的欺凌行为发生时,旁观者中有学生缓和欺凌双方情绪,另有学生去向教师报告。老师到达现场后立即对欺凌事件进行妥善处理并明确处罚结果,在围观学生中形成正面压力,使其明确欺凌行为的后果,减少实施欺凌的侥幸心理,进一步降低欺凌发生的可能性。

第二,教师干预校园欺凌技能的提高与方式的完善。首先,当教师接到欺凌报告时,按照 PBPP“七步干预法”即时对欺凌实施干预。通过立即隔断受欺与欺凌者的接触,迫使欺凌停止,再根据情节严重程度给予相应处罚,并在后期对欺凌与受欺者分开进行谈话，避免受欺者二次伤害。与学生的访谈反映出PBPP实施后取得良好的反欺凌效果与学生、教师切实贯彻PBPP要求有较大关联。其次，教师参照PBPP流程积极开展欺凌系列主题班会活动，坚持在学生中普及抵制欺凌的积极思想。再次，依照PBPP要求，教师对学生的监管范围进一步扩大，从班级附近延伸至学校周边，为学生提供更加安全的校内外环境，减少欺凌的发生。最后，学校根据PBPP流程细化欺凌行为处置办法，加大处罚力度，减少学生实施欺凌的侥幸心理，进一步降低欺凌发生的可能性。因此，可以认为PBPP开展以来学生欺凌发生率下降，应对技能提高，PBPP对E校校园欺凌问题起到有效的防治作用。访谈内容摘录如下。

研究者：老师发现欺凌情况会怎么处理？

学生2：现在老师管得很严，经常在教室附近巡查，一发现有人被欺负了就立刻过去，问："你干吗呢？"一般这时欺负人的同学就赶紧走了。如果是级部主任或教导处主任碰到，一般先跟同学讲道理，告诉他犯了什么错误，违反了哪项规定，怎么处理，然后跟旁边同学说明情况。严重一点的会扣综合素质评价分，特别严重的行为，比如动手了可能会被记过，然后会延发毕业证。影响大的事件会在升旗仪式上统一强调，要大家注意。教导处主任的话有影响力，大家都比较听。当老师在升旗仪式上说过之后，这种情况就明显减少了。

第三，E 校建立的家、校、警、区欺凌防控网成效初显。PBPP 从实施起即强调家长在欺凌预防与干预上的重要作用。在"内预"方面，PBPP 实施二期开展校级家长会"培养健康心理，扬起人生风帆"，强调积极健康心理的重要性，鼓励家长在与子女相处时始终保持积极的心态，在与子女沟通时始终保持关怀的语境，让子女感受到家庭的温暖；鼓励家长教导子女在家中以和谐乐观的心态与同辈相处并将爱传递到学校同学间。在"外防"方面，PBPP 实施一期安排多次班级家长会，强调家校联合防治欺凌的重要性，鼓励家长更加积极地参与到学生欺凌情况的监管与处理中，与教师加强联络，为学生保持良好的同伴关系出谋划策，作为校外欺凌防治力量协助学校减少欺凌发生。

研究者：从你们自身的经历来看，发生欺凌谁来管效果最好？同学帮助、老师制止还是家长管教？

学生 3：这三个一起，多个方面管。

研究者：当你们遇到事情的时候，会选择告诉谁？老师、家长还是好朋友？有没有顺序？或者不同程度告诉不同的人？

学生 3：先告诉老师，因为在学校的话，老师是有较大的处置权的。然后是同学，因为在学校嘛，然后再是家长。

研究者：你觉得家长能解决问题吗？还是告诉他们就是为了说一说，也没指望他们解决？

学生：家长绝对是能解决问题的，因为家长毕竟比我们年长,经历得多,处理事情好一些。我们回家说某个同学做了某件事情,家长会告诉怎么解决,需要时家长会跟老师联系。

研究者:最后一个问题,在上学放学的路上有欺凌情况吗?

学生3:基本没有,老师会在车站或者路口看着我们,虽然离得远但也很安全。

访谈提到了教师在校园欺凌防护网中的重要作用。为加强校外欺凌防治,学校教职工均参与到巡查监管工作中,于放学后在主要干道目送学生离开。形成"家—校—区"的欺凌防护网,全方位降低欺凌的危害。

第四,电信欺凌的妥善处置。研究者在与学生访谈中了解到由琐事纠纷引发的电信欺凌事件。由于实施者的匿名性、欺凌过程的易扩散性,电信欺凌是较难干预的一类欺凌行为。从访谈结果来看,在事件处理中,教师依旧遵循PBPP干预原则,与欺凌者与受欺者分别进行谈话,对欺凌者进行训导,对受欺者进行安抚,并联系欺凌者家长,最终在家校协作中对欺凌情况进行妥善干预。访谈整理如下。

学生4:有个宿舍,同学间关系不好。原来刚来的时候她们宿舍关系还挺好的,但是后来好像就两极分化了,其中一个女生是我们班学习委员,可能有一次交作业,她们宿舍一个女生没交，想让她报交了，但她没报，然后那个女生就在 QQ 空间里骂她。

研究者：怎么骂的？点名骂吗？

学生 4：好像一开始没点名，但是骂得挺难听的，原来设置为内部可见，我们看不到，好像后来就公开骂了。

研究者：后来那个女生告诉老师了吗？

学生 4：是的，后来比较严重，我们班同学都知道了，老师也知道了。

研究者：老师怎么处理的？

学生 4：老师就找那几个女生谈话了。

研究者：一起谈的吗？

学生 4：好像不是，是分开谈的，还找过家长。

研究者：最后问题解决了吗？

学生 4：嗯，后来我还看见她们在一起说话来。

研究者：老师在班里说过这个事吗？

学生 4：没有点名说，说过同学相处的问题，但是我们都知道说的是这个事。

从事件属性来看，访谈中谈及的电信欺凌事件属于主观恶性较大、较为隐蔽、对受欺者造成持续伤害的欺凌行为。从欺凌类型来看，属于通过网络实施的言语欺凌，兼具电信欺凌与社交欺凌的特征，在班级中亦造成极为恶劣的影响。针对这种情况，班主任选择与事件双方单独会谈，这是 PBPP 强调的欺凌处理方式之一，采取单独会谈的方式是为避免受欺者的二次伤害。由于性质较为严重，班主任亦与双方家长分别沟通与会谈。从学生反馈来看，事件得以妥善处理，事件双方最终能够和谐相处，这符合PBPP对欺凌妥善处置的诠释，即欺凌者与受欺者能够友好共处于学校环境中。班主任在处理欺凌事件时，没有止步于双方家长谈话，而是进一步对欺凌事件进行完整的处理，最终达成欺凌事件双方友好相处的结果，属于较为成功的欺凌干预案例。概言之，从学生提供的案例可以看出，通过PBPP的教师指导课程，教师能够更加从容、有效地干预与解决欺凌冲突，降低班级的欺凌发生与再犯率。

学生访谈内容证实，在PBPP实施前后，学生及重要他人对欺凌的态度与应对截然不同。PBPP实施前，发生欺凌时学生漠然旁观者多，纵容欺凌者的行为，轻视受欺者受到的伤害，导致欺凌者的行为没有受到应有的约束，受欺者的困境没有得到有效的解决。实施PBPP之后，学生对欺凌问题的处理方式发生改变，遭遇欺凌时旁观者挺身而出帮助受欺者，疏导围观学生并报告教师。教师抵达后问清情节，及时对欺凌事件恰当处置，在全校范围内强调欺凌行为后果，严肃欺凌行为处罚，从而减少欺凌发生。同时，教师与家长对校内欺凌保持顺畅沟通，及时发现预警信号。对校外欺凌加强监管，保护学生安全。与学生的后测访谈进一步佐证了PBPP实施对E校校园欺凌有效防治的重要性。

(2)班主任视角分析

为进一步了解 PBPP 内容的有利举措，根据后测问卷中欺凌率下降数据，研究者与两位班主任进行访谈，了解到 PBPP 实施后，班主任依据 PBPP 指导内容对男生间发生的打闹与欺凌行为进行准确的区分，在争执升级为欺凌之前对学生采取隔离冷静、书面检讨等措施，避免攻击行为升级。此外，PBPP 实施后，学校规范欺凌事件上报流程、惩罚制度，教师在欺凌应对中有章可循，因此对欺凌的处理更加从容、有效。访谈内容综合如下。

班主任：有一次就是班里两个男生，平时关系还比较好，一个嫌另一个说话嘴碎，两个吵吵起来了。

研究者：动手了吗？最后怎么处理的？

班主任：也不算动手了，没有达到校规开除的那个程度。后来就是在班里大面上说了，就是班里自己的同学相处要注意之类的。

研究者：针对这两个男生怎么处理的？写检讨吗？

班主任：检讨是肯定要写的。

研究者：要求在班里念吗？还是跟您私下沟通？

班主任：在班会上是要说一下的，欺凌行为影响很不好，一旦形成风气，全班就开始了。现在的孩子喜欢跟风，尤其是高中这个时期的孩子，就是大流是什么就学什么。所以班风确实很重要。只要班风正，比如大家都在学习，那孩子就觉得我不学不行，他自己就着急学习了。再一个，写检讨也属于一种书面的正规形式，要上交的。

研究者：当学生间发生冲突的时候，有没有不确定属于哪个程度的时候？这个时候是上报学校还是先留在班里处理？

班主任：这个还要看性质，如果就是针对性的，就是欺凌，那个是坚决不可以。有的时候是学生间争执，或者打闹引起的，事后孩子认识错误也比较充分了，这样的话也需要往年级报。这个学校现在有规定，每次开年级班主任会的时候都会讨论。就是班主任、级部主任、德育处主任三方定一下性质，涉及要给处分时德育处给处分。

研究者：德育处会主动来询问学生违纪情况吗？

班主任：这个老师自己上报就行。

研究者：对于这种上报，老师有没有压力，怕学校对班级印象不好，能不报就不报了？

班主任：这个不行，因为咱们校纪是这样规定的。有情况不报，对孩子也是不负责任。孩子容易有侥幸心理，犯了事一点处分没有，对我以后也没有影响，那就坏了。但是，处分也是可以销抵，学校有撤销或减轻处分的相应办法。特别是小的处分，就是说问题不大，而且孩子近期表现良好。咱们处分单上都很明确，定期写思想报告，对自己的问题认识清晰，近期表现良好，班主任会追踪，确实好了，处分该销销。现在的校规比以前严格很多。以前很大的事情才给处分，现在也会纳入综合素质评价，要求也越来越高，学生也明白，不会轻易犯错误，他们也知道背上处分就麻烦了。

研究者：现在学校的校规很明确，老师也好执行是吧？

班主任：对，现在对迟到都有规定，偶尔迟到一次还行，迟到三次就是故意的了，就有处罚规定了。当然每个班都有自己具体的处罚措施，但是大面上学校规定是要处罚的。学校专门组织全校学习校规七天，每天晚上都学，所以他们都很清楚。老师唯一需要强调的是非常严重的那种，到底处分要到什么级别，什么级别就开除，比如打架就直接开除。

研究者：处分单公示吗？

班主任：对，在级部两个楼中间的走廊有公示牌。处分单上写着哪个班哪个学生，因为什么事受处分，处分就是这个目的，相当于全校通报。这对学生的威慑力还是很大的。

研究者：有屡教不改的吗？

班主任：那种就不能容忍了。校规其实也是跟法律挺像的，有过前科和没有前科的就是不一样，无论是多小的事情，只要是犯过一次了，再犯就跟第一次犯的性质不同了。在欺凌这一块，咱学校是做得很好了，我们的校规都是很严的了。像我在上高中的时候，打架的情况比现在多很多，那时候周一升旗最重要的一项工作就是德育处处长念全校通报名单。咱校今年应该就一例打架的情况，所以说这方面的工作做得是很到位的。

从与班主任的访谈结果来看，PBPP 的效果被多次肯定，实施 PBPP 后，反欺凌班风营造与措施干预均有条不紊地得以落实。PBPP 强调的基础理论之一为生态系统理论，该理论将欺凌视为系统之间不良互动的产物，因此对欺凌的干预强调学生重要环境系统的改良。班主任主动对班级系统环境，即班风进行过多次的引导调整，避免班级不良风气的形成，降低学生因跟风实施欺凌行为的可能性，有效降低欺凌发生率。在欺凌处理措施方面，PBPP 实施后学校出台更加明确细致的问题行为处罚规定。学校在欺凌行为惩治方面坚持统一原则，轻重有别，以性质判处罚，对性质较为恶劣的给予通报处分，但是对行为改过良好、思想端正的学生给予二次机会，可以撤销处分，不致其档案中留下不良记录而影响其终身发展。从与班主任的访谈中亦看出，班主任在落实学校政策上一丝不苟，坚决执行，没有含糊其词或隐瞒不报，使学生认识到应对自己的行为负责。总体而言，与班主任的谈话体现出 PBPP 对班级环境与学生管理的有利影响，证实 PBPP 对欺凌防治的有效性。

(3)级部主任视角分析

研究者与作为学校中层教职工代表的初中一年级级部主任进行会谈，级部主任为女性中年教师，学历为本科，教龄在 25 年以上。级部主任在访谈中提及配合 PBPP 进行的大量工作。在级部层面,加强家校联合,增加级部家长会次数,普及欺凌认知与防治知识,提倡家长用爱引导孩子。在班级层面,强调教师以身作则,鼓励学生帮助弱势学生,应以“爱与友善”感化,杜绝恶意攻击行为,争做文明言行小卫士。在学生层面,当学生出现欺凌等问题行为时,通过书面检讨,敦促其重新审视错误行为的起因、经过、结果,并提出改正方案。在家长方面,强调预防的作用,注意观察,渗透思想,防患于未然。对于严重的欺凌行为,与家长沟通,家校共育,共同防治。访谈综合如下。

> 级部主任:我们对欺凌这个问题非常重视,组织了四次家长会。防欺凌我们主要从爱的角度出发,首先培养爱的元素。如果孩子之间、大家之间都有爱心的话,欺凌事件就少了。所以在每周的班主任例会上,我们也是强调“做人”的重要性。教师也要以身作则。
>
> 研究者:我们对学生犯错误一般怎样处理?处理问题的轻重方式是否有不同?
>
> 级部主任:轻一点的我们一般都是跟他谈话,重一点的一般都写检讨。但检讨从来不在班里读。因为孩子毕竟比较小,要保护他的自尊心。对于比较严重的,比如打架,我们还是要送学生处处理。我们首先要保证学生的安全。小吵小闹的是一个层次,动手是另一个层次,这个是原则问题。动手非常不好,有的小孩没有安全意识,动手可能会出现一些意想不到的后果。

上学期，对欺凌问题还没有培训的时候，有一天晚上半夜了，家长给老师打电话，就说："我儿子今天回来说，你们班两帮小孩轮流去殴打他。老师你能不能管？你们不能管明天我就去了。"老师当时说："这个情况确实不知道，但是感觉不太可能，明天我去落实。"家长说："你落实什么，我儿子能撒谎吗！"结果第二天，把孩子叫来一问，根本没有的事。在培训家长以前，他对欺凌的概念有些模糊，没有落实好就找老师理论。现在家长会先落实清楚，再进行下一步处理。

我们家长会的内容包括两方面，一方面是校级家长会，讲如何教育孩子，另一方面，班级家长会就是针对个别的问题。PBPP这种反复的教育对家长是有用的。我们非常希望多一些这种讲座。我们也跟老师强调，要注意观察，要渗透思想，不是说抓着了再说。因为往往抓着了再说，效果不是很好，他也抵触。反而是给他个机会，告诉他不好，让他明白老师知道，他应该改正，这个效果更好。

家长和学生一起来学习，让学生对不良行为的后果有明确的认知，这样学生实施欺凌行为时的侥幸心理就减少了，问题行为的预防效果就更好。应该说，在PBPP实施以后，学生的反映和效果还是很不错的。

从与级部主任的访谈内容来看，PBPP的效果被多次肯定，实施PBPP后欺凌行为的积极心理"内预"与有效措施"外防"均有条不紊地得以落实。在“内预”方面，教师鼓励学生在学校与同伴相处时发挥爱心的力量，用爱温暖同学，用积极精神感染同伴，杜绝伤害他人的思想。在“外防”方面，学校根据 PBPP 要求制定出明确的问题行为处罚规定，无论是家长还是学生报告的欺凌事件，教师先按照 PBPP 指导进行落实，在弄清楚事情经过与参与各方后再决定处理意见。问题较轻时，主要以书面检讨和教师约谈相结合的方式处理；问题较重时，约谈当事人家长，说明情况，商讨解决方案。这与 PBPP 设定的处理流程一致。家长是欺凌监管的核心群体，学校依据 PBPP 内容发动家长的积极性，赋予家长更多的责任，培养家长对子女正确表达爱的方式，用爱引导子女与同伴友善相处，将欺凌预防提前至家庭。

(4)学校管理人员视角分析

对学校管理人员的访谈专注于了解管理人员对 PBPP 实施情况的反馈以及对学校欺凌改善效果的看法。受访对象为 E 校校长，男性，从事学校管理工作 10 年以上。从此次访谈中了解到，E 校校长支持 PBPP 的实施，并比较满意实施效果。在学校校规的细节上，学校领导依据 PBPP 建议进行查漏补缺。增强学校教职工监管力度，学校领导分时段在走廊巡查，预防欺凌情况发生。访谈综合如下。

研究者：您对 PBPP 实施情况满意吗？

校长：从分管领导的反映来看，欺凌的情况确实有所减少。级部主任是比较满意的，最起码从调研结果中看到了问题，针对这些问题有具体的措施，多进行这样的工作还是不错的。

研究者：学校在与 PBPP 接轨的过程中，有些政策做过小幅度调整是吧？

校长：对，副校长在开会的时候提到了，我们都尽量配合，有些政策可能有些宽泛，正好也查漏补缺。E 校的校规在市里都属于严格的。学生全天在学校住宿，不能马虎。

在教师安排方面，学校也向 PBPP 倾斜。我们晚自习都安排学校领导班子巡视，周天晚上是我和另一个领导一块儿。我们一般是在级部班主任会开完以后，8 点左右，挨个班看看学生自习的情况、班主任上课的情况。这一层年轻教师比较多，校领导巡视，对学生有相当的震慑作用。学生害怕，就不敢轻易干不该干的事，有助于减少欺凌，效果还挺好。

从校长访谈结果可得，PBPP 的实行效果得到学校领导的认可。在学校的整体层面，通过 PBPP 的协助，以前较为宽泛的校规校纪得以进一步细化。新改进的校规面对学生细微问题行为亦有章可循，使学生明确适宜言行的范围，并熟识不当言行的后果，从规章纪律方面对学生形成强有力的约束。此外，学校领导分时间段对各教学楼进行巡查，尤其是在教学组织相对松散的晚自习以及周末自习时段，加强学校各区域管理。学校领导的监管在学生与教师中形成较大的威慑力，有效减少学生侥幸行为以及教师视而不见的情况，从而降低欺凌发生率。

(5)法制副校长视角分析

对法制副校长的访谈专注于了解 PBPP 实施以来法制副校长在配合 PBPP 欺凌治理方面进行的工作、取得的成果，及其对 PBPP 有效性的看法。H 所长在 PBPP 开始实施时调离 E 校所属辖区，其法制副校长工作由具备丰富青少年法治工作经验的 W 检察官(以下称“W 检”)接任。W 检从该校 PBPP 开始实施就一直负责 E 校法制副校长工作。访谈结果显示，在 E 校实施 PBPP 后，法制副校长的工作内容细节化，法制教育系列讲座成为工作重点与亮点。讲座内容由专门干警编制，遵循学生心理，循循善诱地讲解欺凌知识以及普及法制教育，为配合 PBPP 的法制专题，宣讲团队专门制作了微电影。E 校的法制教育系列讲座吸引更多的学校预订普法讲座。此外，通过构建三个课堂——学校管理人员课堂、学校师生课堂、家长课堂，建立法制教育的稳定三角。W 检结合 E 校实际，为学校提供欺凌处理“六步法”干预措施，PBPP 将其进一步扩展，创建“七步干预法”欺凌干预原则，取得显著成效。访谈综合如下。

第一，举办法制系列讲座是全校师生与家长知法普法的重要途径。PBPP 实施后，E 校法制副校长及其团队对法制课堂活动给予高度重视，并设计出一系列贴合不同年龄段学生认知水平与心理发展的法制宣讲内容。法制课堂发挥自身功能，开展后深受全校师生的欢迎，很好地完成了帮助学生知法普法、懂法守法的目的。

W检：首先就是系列法制讲座，这个方面PBPP和法制副校长的职责很好地接轨。我们的优势是处理过较多与青少年有关的案例，在法制讲座中跟学生讲解这些案例，能够帮助学生认识到有些行为，哪怕只是一时冲动或者出于好奇都可能带来严重的后果，教会学生对自己的行为负责。法制课堂的内容我们是有专门的干警来编写的，因为他们更容易贴近学生的生活。讲座内容很丰富，比如电信欺凌，他就用“王者荣耀”来引入，学生一听就很兴奋，笑得很灿烂，然后马上进入主题，开始讲，结合一些案例，学生非常喜欢听。法制讲座的效果很好。真实的案例能带给学生很大震撼，有些可能与他们的现实情况很近。很多法制副校长是公检法系统的，我们经常交流。有学校听说我们的法制课堂以后也想来学习。后来我们跟团委联合，我们专门派干警去给他们做讲座，这个干警是省院宣讲团的，省院统一抽调12个人，就有他，讲得非常好，生动活泼，而且能抓住这个年龄段学生的心理，他的讲座很受欢迎。好几个学校听了都觉得很好，来跟我们预订讲座。

我们现在是订单化的法制讲座，按照学校需求、学生年龄段及各种具体问题定制服务，给学校专门讲。像E校初中和高中的需求就有区别，我们都是针对不同的课题，实行订单式宣讲，像咱学校讲校园欺凌的内容很多，我们干警专门做的这方面内容。当然单纯靠讲还是不够,后期我们也配合其他活动。

正好借着咱学校实施PBPP,属于试点单位,学校也比较配合,我们还搞了一些创新。比如,组织学生参观法制教育基地,回来以后老师还让学生写了观后感。再有就是组织模拟法庭活动,这个活动效果很好,学生也愿意参与,而且学生在自己当法官,检察官、被告人的过程中既可以熟悉法律条文,又可以体会法庭的威严,对学生是很好的教育。

咱们还结合这些内容拍摄微电影。现在网络这么发达,学生也愿意上网看视频,所以我们要在网络上加强宣传,营造氛围。我们利用新媒体做违法犯罪预防宣传,做了一个公益广告在法制教育讲座上放,反响很好。后来我们加了内容、案例,拍了微电影,也算是我们的一个成果展示。

第二,初步建成家、校、警、区校园欺凌防治网络。PBPP发动学校各方以及家长与社区的力量参与欺凌防范,也为联合法制副校长构建家、校、警、区防护网提供基础条件。在学校配合下,家警合作亦逐步展开。PBPP联合家、校、警各方共同协作,迅速有效地解决问题。

W检:在预防青少年犯罪这方面,E校做出了很大的贡献,也给予了积极的配合。另一方面,我们也吸取了其他地市检察机关的宝贵经验与教育局制定的《关于加强法制教育预防未成年人违法犯罪的意见》，构建起三个课堂，给学校管理人员授课，为在校生授课，给学生家长授课，让教师、孩子、家长形成一个法制教育的稳定三角，这与 PBPP 内容也是相呼应的。

其实家、校、警共建这块还是很重要的，我们也是建立了学生家长谈话制度，借鉴未成年人犯罪约谈制度，与问题行为学生责任人谈话。针对问题行为学生存在的教育管理失职、监护缺位等情况，我们牵头学生家长和学生在校负责人会谈，协调解决学生问题，并督促各方建章立制，加强管理。今年有 8 个学生进行了这方面的会谈，工作还是比较到位的。

学生问题单靠学校来解决是不行的，还需要多方的配合。青少年健康成长需要学校、家庭、社会共同关注。针对这一点，我们建立了一个“三三联动”工作机制，即全方位预防青少年问题新模式。这个机制是三维一体，管理、教育、监督三个层面共行；三管齐下，多层次实施法制教育；三措施并举，采用全过程把关的监督模式；为青少年健康成长撑起防护网。这个模式的实行对青少年健康成长发挥了积极的作用。

第三，完善法制副校长团队提出的欺凌事件“六步法”处理意见。PBPP 在“六步法”框架下进一步丰富应对欺凌事件的步骤，发展为“七步干预法”，在操作中体现出较高的实用性与有效性。

研究者:对于学生冲突案件或者是欺凌案件的处理,咱们有个六步处理意见是吧?

W 检:对,我们为学校提供处理欺凌事件的“六步法”参考步骤。第一步,全面核实事件经过;第二步,开展围观者调查;第三步,及时进行干预;第四步,做出处罚决定;第五步,努力促成双方和解;第六步,适时进行回访帮扶。后来在 PBPP 的启发下拓展为七个步骤,学校在遇到欺凌或学生冲突问题时一般参考这个程序。

学校处理的一起跨年级的学生纠纷运用了这个机制,比较成功地化解了问题,没有让矛盾再升级成打架斗殴等违法行为。

第四,从法治角度提供严重欺凌案件的惩治措施。对于较为严重的,可能涉及违法犯罪的欺凌行为的防治,法制副校长结合 PBPP 内容为教师与家长提供五条参考意见,从情境预防、积极品质、法制教育、心理健康与家长监护五个方面着手,为家长与学校提供较为全面的恶性欺凌行为防治守则。

研究者:因网络问题导致的欺凌事件怎样处理呢?

W 检:现在孩子配手机的比例越来越高,特别是初中生,大部分都有手机,用手机多半是打游戏、QQ 聊天。这个没有监管的话,就容易出问题,比如见网友受害啊,聊天产生矛盾、聚众斗殴啊。前段时间有一个这样的聚众斗殴的事件，已经不是单纯的欺凌问题了，两方，一方是成年的，一方是未成年的。两方先后和同一个女孩谈朋友。这个女孩在全民K歌软件上唱了一首歌，前任就在网络上给她送了一朵花，现任就不乐意了，在网上就骂。后来两方就约在一个地方见面，一方找了6个人，一方找了8个人，中考完就打起来了。未成年的这一方没有持械，去了没怎么动手，就被人打了，成年的都带着伸缩棍去的，属于持械，后来判了缓刑。其实就是为了虚拟世界的一个名誉引发的案件。

研究者：针对这种情况，我们有没有向学校或家长提供预防参考意见？

W检：有。主要是分五个方面。第一是禁止孩子出入网吧等问题高发的区域。第二是家长尽量多给予孩子关爱，尽量避免家长不管不问或缺乏有效监管的情况。第三是加大法制宣传力度，不仅仅是学校里，在社区里也应该广泛宣传。第四是加强孩子的心理建设，包括青春期教育、自我保护、积极心理等。第五是社区定期去学生家走访，了解学生的情况，对家长监护缺位的情况进行反馈，学校定期开设家长讲堂，帮助家长应对孩子青春期可能出现的各种问题。

从访谈结果来看，在实施PBPP之后，E校的法制副校长工作内容更为明确，安排更加具体，法制副校长与学校相关部门的联系更加紧密，法制教育工作得以有条不紊地展开。在欺凌等问题行为预防方面，尤其是在法制教育的重要环节——法制教育系列讲座的安排中，增加讲座的次数，丰富讲座的内容。省院宣讲团成员专门应学校要求编制多媒体教程，通过学生喜闻乐见的形式进行呈现。在讲座过程中穿插模拟法庭等多种活动，通过鲜活的案例向学生展现法制的威严，使学生更深入地认识不良行为的后果，更加有效地降低学生因新奇、无知或冲动酿成严重后果的概率。不仅如此，法制副校长还承担起协调者的角色，对有欺凌问题的学生，约谈其学校与家庭的责任人，了解可能导致问题的情况，尽量协调解决，将学校、家庭、社会联结起来，为学生健康成长撑起防护网。在欺凌等问题行为的干预方面，法制副校长向学校提出六步处理意见，并根据 PBPP 的内容将其内容拓展，制定"七步干预法"欺凌干预原则，学校采纳并通过实践证实有效性。针对日益增多的网络欺凌行为，法制副校长同样为学校提出五个方面的预防措施。当学校发生欺凌事件时，法制副校长亦积极参与其中，协助学校找到适宜的处理方案。总体而言，在 PBPP 实施后，法制副校长的工作内容明朗化，与学校沟通更加顺畅，为学生与家长提供更多法制教育指导。作为 PBPP 开展的重要群体，法制副校长与家长、教师协作，为 E 校欺凌率降低做出贡献。

(6)家长视角分析

研究者与家长访谈的目的是了解家长在 PBPP 实施后对欺凌认知的提升、对子女态度的改变以及对家校联合的看法。受访家长为初中部女生母亲，高中学历，工薪阶层，其女在后测中接受过采访。在正式访谈前研究者已与家长沟通访谈内容并征得家长同意。访谈结果显示家长对PBPP比较了解且非常支持，并证实级部主任就欺凌专题加开过家长会。家长在家庭中更加注意观察孩子的言行变化，对于欺凌报告，并未置若罔闻，而是积极与孩子沟通应对策略，鼓励孩子在自身能力无法有效干预欺凌行为时向教师报告。访谈综合如下。

研究者：您赞成学校推行PBPP吗？

家长：赞成。别的家长知道我们学校有PBPP，还问怎么他们学校没有，能不能上他们学校去讲讲。

研究者：您去学校听过专门的欺凌课程吗？

家长：听过，听过两次吧。

研究者：孩子回家有没有跟您说起过关于PBPP的事情？

家长：说过几次，特别是听说或者看见同学受欺负的时候会说，学校教的这种情况应该怎么办。

研究者：当您听到孩子叙述身边发生的欺凌事件时，您会听听算了，还是借机跟孩子讲一下如何应对？还是让孩子尽快离开现场，不要看热闹？

家长：我会跟她讲一下如果遇到这种情况应该怎么处理。

研究者：您给的建议是怎样的呢？

家长：如果是弱势的同学受欺负了，在自己能力范围内能帮助的情况一般都让她帮啊。但是不能是一边弱势，另一边很强大，她自己也属于弱势，她也去帮，那她也挨欺负了。这样的情况她就需要去找一个更强大的过来，光在那视而不见可不行。先找同学帮忙，如果制止不了的话立马去找老师，把老师找来。别人受欺负你视而不见，那如果是她自己受欺负，她在那很无助的样子，别人就这么走了，她什么心情呢，她多么心酸呐。我就这么告诉她，我不希望她临阵逃脱。

研究者：孩子犯了错误，您一般采用什么惩罚手段？

家长：就是限制手机还有她喜欢的这个特长班。她特别喜欢去跳舞，当初她报这个特长班的时候，我就跟她说了，报这个班可以，但是学习跟不上，或者是出现其他问题了，舞蹈就要停了，她就上不了课了。有一次犯了比较大的错误，我就把手机卡卸了，手机也没收了。

研究者：您认为这种没收手机、限制活动的方式有效果吗？

家长：有效果，好用，下次她就记得了。

从家长的访谈结果来看，家长对 PBPP 的实施表示赞成，亦肯定 PBPP 的有效性。在“外防”方面，当子女向家长报告欺凌事件时，家长能够就事件情况为子女提供意见参考，其建议与 PBPP 内容以及学校规定相一致。在子女身处欺凌情境中时，家长能够给予正确的行为指导，使得学生在目击欺凌事件时能够快速做出反应，积极制止欺凌行为。在“内预”方面，积极健康品质的普及协助家长在子女心中建立正能量，在遇到弱势受欺同学时，勇于挺身而出，帮助同学脱离困境，并制止围观学生的起哄助威行为，在受欺帮扶与欺凌干预方面均有明显的正面价值。此外，PBPP 内容为家长处理子女行为问题提供重要参考。在子女问题行为惩处方面，家长摒弃打骂等身体处罚方式，转而采纳 PBPP 建议的“活动限制”处罚措施，通过限制子女参与喜爱活动的方式，促使子女认识到自身行为的不足，并自愿加以改正，取得良好的效果。综上，PBPP 为家长在教育子女应对欺凌，甚至问题行为规范方面均提供积极有效的参考。

六、PBPP 检验结果小结

E 校分别于 2017 年 12 月 PBPP 实施前与 2018 年 6 月 PBPP 实施结束时开展两次评测，包括问卷与访谈两种形式。问卷测评对象主要为 E 校学生，访谈对象包括学生、家长、教师、学校管理人员以及法制副校长等欺凌防治重要群体。在前测与后测中，均先行问卷，通过 SPSS 软件梳理得到初步分析结果，再参考问卷结果展开针对性访谈。前期测评的目的是了解学校对欺凌的原有认识与干预措施，以便 PBPP 针对学校实际情况进一步完善内容。后期测评主要为收集 PBPP 实施有效数据，与前测数据对比，得出有效性结论，总结经验，希冀进一步推广。

（一）初中生欺凌情况改善与 PBPP 实施相关性分析

从前测与后测的大量数据对比来看，无论在问卷调查还是访谈内容上，均可以体现出 PBPP 的实施对 E 校欺凌情况的有效改善。将初中 PBPP 实施前后测问卷数据统合，整理出 E 校初中生受欺率与 PBPP 实施相关性表格 4.21。

表 4.21　初中生受欺情况改善与 PBPP 实施相关性

		取绰号	排挤	殴打	说坏话	索要财物	逼迫行事	其他	受欺频数
受欺改善情况	皮尔森相关性	0.124	0.056	0.056	0.244	0.111	0.150	0.084	0.401**
	显著性（双侧）	0.333	0.662	0.665	0.054	0.388	0.241	0.510	0.001
	N	63	63	63	63	63	63	63	63

＊＊在 0.01 水平（双侧）上显著相关。

如上表所示，以欺凌类型为基点，通过对 PBPP 实施前后受欺率差值的对比，得出初中生受欺率的下降与 PBPP 的实施在 0.01 水平（双侧）上显著相关。对这一相关性的认证，最终证实 PBPP 在降低 E 校初中受欺率方面的有效性。同理，将初中生欺凌率与 PBPP 实施相关性整理至表 4.22。

表 4.22 初中生欺凌情况改善与 PBPP 实施相关性

		取绰号	排挤	殴打	说坏话	索要财物	逼迫行事	其他	欺凌频数
欺凌改善情况	皮尔森相关性	0.163	0.060	0.235	0.210	0.060	0.257	0.210	0.504*
	显著性（双侧）	0.456	0.786	0.280	0.013	0.786	0.236	0.013	0.012
	N	23	23	23	23	23	23	23	24

* 在 0.05 水平（双侧）上显著相关。

表 4.22 依然以欺凌类型为基点，通过对比 PBPP 实施前后欺凌率差值，得出初中生欺凌率下降与 PBPP 的实施在 0.05 水平（双侧）上显著相关。这一相关性认证，证实 PBPP 在降低 E 校初中生欺凌率方面的有效性。通过以上两个表格的数据，可以得出 PBPP 在 E 校的实施有效降低该校初中生受欺与欺凌的发生率，提升了初中部师生对欺凌的认知。PBPP 实施成果得到各方人员的肯定，其在 E 校初中生部的实施达到了校园欺凌防治的目的，取得积极有效的成果。

（二）高中生欺凌情况改善与 PBPP 实施相关性分析

高中测评形式与初中一致，分为问卷与访谈。从整体结果来看，PBPP 在高中部的实施亦得到学生、教师、家长以及学校相关管理人员等重要群体的肯定。为进一步证实 PBPP 的实施对 E 校高中生欺凌防治的有效性，将高中生受欺率与 PBPP 实施相关性整理至表 4.23。

表 4.23　高中生受欺情况改善与 PBPP 实施相关性

		取绰号	排挤	殴打	说坏话	索要财物	逼迫行事	其他	受欺频数
受欺改善情况	皮尔森相关性	0.086	0.223	0.222	0.358*	0.139	0.272	0.135	0.507**
	显著性（双侧）	0.633	0.213	0.214	0.041	0.441	0.126	0.014	0.002
	N	33	33	33	33	33	33	19	34

* * 在 0.01 水平（双侧）上显著相关，* 在 0.05 水平（双侧）上显著相关。

从表 4.23 中 PBPP 实施前后受欺率差值的对比中得出，高中生受欺率的下降与 PBPP 的实施在 0.01 水平（双侧）上显著相关，最终证实 PBPP 在降低 E 校高中受欺率方面的有效性。同理，将高中生欺凌率与 PBPP 实施相关性以欺凌类型为基点分析整理如表 4.24。

表 4.24　高中生欺凌情况改善与 PBPP 实施相关性

		取绰号	排挤	殴打	说坏话	索要财物	逼迫行事	其他	欺凌频数
欺凌改善情况	皮尔森相关性	0.215	0.139	0.139	0.139	0.139	0.139	0.024	0.416**
	显著性（双侧）	0.460	0.016	0.016	0.016	0.016	0.016	0.007	0.109
	N	14	14	14	14	14	14	10	16

* * 在 0.01 水平（双侧）上显著相关。

表 4.24 通过对比 E 校高中生不同欺凌行为在 PBPP 实施前后的差值，得出高中生欺凌率下降与 PBPP 的实施在 0.01 水平（双侧）上显著相关。这一结论证实 PBPP 在降低 E 校高中生欺凌发生率上的有效性。

PBPP 的实施使 E 校高中部师生更加明确欺凌的形式与危害，促使其端正思想、规范行为，时刻保持积极健康的心态。PBPP 学生讲座传授学生应对欺凌的技能，PBPP 教师培训为教师提供欺凌报告的处理流程参考，PBPP 与学校管理人员以及法制副校长深度配合，建立联动机制，形成全方位校园欺凌防护网，有效降低 E 校高中生受欺与欺凌的发生率。

综上所述，通过验证 E 校初中与高中欺凌下降率与 PBPP 实施的相关性，证实 PBPP 的有效性。PBPP 的实施使 E 校的校园欺凌情况得以改善，证实 PBPP 以生态系统理论与“立德树人”思想相结合为基础，以改良校园氛围与培养积极健康心理为目标，以“内预外防”为根本的校园欺凌防治的有效性。

在“外防”方面，PBPP 以生态系统理论为基础，视欺凌为学校整体环境问题的表征，从学校、班级、个人、社区四个层面的措施着手，致力于营造积极和谐的校园氛围。PBPP 通过家、校、警、区联动机制，形成校园欺凌防护网，增加学生安全感，提升学生社交技能，规范学生言行举止，自上而下地开展从学校到个人的欺凌防治，降低欺凌行为发生的可能性并消除参与欺凌的积极效果，达到欺凌的有效预防与干预。

在“内预”方面，PBPP 从“立德树人”思想出发，以积极心理健康教育为落脚点，鼓励学生以“内圣外王”为理想的道德标准，明事理、正心态，将“立德树人”付诸实践。具言之，PBPP 要求学生端正心态，不因情绪干扰而影响对自身行为的正确选择与判断，不遗余力地提升自我道德修养，严于律己，宽以待人，抵制欺凌思想，正心诚意地建立和谐的人际关系。PBPP 要求学生严格规范自身言行，培养集体意识，以积极的心态与同伴交往，树立合群、开朗的健康品格。此外，PBPP 要求全员接受积极心理健康教育，由内而外防治欺凌，最终达到校园欺凌的“内预外防”，从根源上杜绝欺凌的发生。

结　论

PBPP 引进 OBPP 理论与实践经验，以“立德树人”为根本，以积极心理健康教育为落脚点，针对中国中学生的特点，在校园欺凌的应对中以“全面、全员、全校、全天、全方位”为宗旨，从知、情、意、行、体五个方面培养学生的积极品格，从学校、班级、个人、社区四个层面着手，建立家、校、警、区欺凌防护网，形成“四位五全”联动机制，将改善校园氛围与培养积极品格有机结合，以“内预外防”为根本，防治校园欺凌。

PBPP 在外部环境方面强调以生态系统理论为基础建立和谐校园环境，将欺凌问题视为不良校园氛围的表征，着重于通过学校、班级、社区层面的措施，从外部环境因素降低欺凌发生的可能性。在实践中为经常接触受欺者的学校负责人提供正规欺凌风险与危害培训；完善学校校规校纪，严厉禁止欺凌行为；为教职工提供正规的欺凌预防与干预培训，明晰欺凌事件发生时的处理方式与责任承担；在学生中宣传反欺凌政策，在班级活动与主题班会中开设欺凌专题；坚持家校一致原则，敦促家长在家庭生活中有意识地制止青少年欺凌他人，通过为学生营造和谐的生态环境来减少欺凌发生的诱因。

PBPP 在内部意识方面以“立德树人”为宗旨，开展全员预防性的积极心理健康教育。在学生方面，从中国学生的压力源、不良情绪与问题行为着手，引导学生弘扬心中“正气”，祛除自身不良思想，树立自信心，培养集体意识，学会积极的情感表达；引导学生以积极的心态及方式与同伴交往，树立合群、开朗的健康品格；帮助学生更好地了解与认识自我，制止学生使用攻击性手段在同伴群体中建立威信，在欺凌行为发生前遏制其思想的产生。在教师方面，开展全体教职工积极心理健康教育，呼吁教师以积极的心态投入教学，通过其乐观向上的精神潜移默化地对学生的言行产生正面影响，促使学生以乐观积极的心态与同伴相处，减少欺凌发生。在家长方面，敦促家长以积极健康的心态对待子女，使青少年在家庭生活中能够感受到幸福与和谐，并将这一感受带入其学校生活中，以乐观友爱的心态对待同伴，不再将欺凌作为同伴相处的方式之一，从而杜绝欺凌的发生。

总体而言，PBPP 发展了 OBPP 的生态系统观，在实施中不但注重营造和谐的校园氛围，更重视全体师生与家长正直、积极、健康心态的培养，在实施期内完成降低E校初中与高中欺凌发生率的目标，实现对校园欺凌的早期预防与后期干预，并获得各方人员的积极评价，是值得在国内推广的校园欺凌防治模式。

参考文献

一、著作类

陈晓芬、徐儒宗译注:《论语·大学·中庸》,中华书局2011年版。

林崇德:《发展心理学》,浙江教育出版社2002年版。

刘笑敢:《庄子哲学及其演变》,中国社会科学出版社1988年版。

论敏编译:《黄帝内经》(文白对照本),宗教文化出版社1999年版。

孟万金:《积极心理健康教育在中国》,教育科学出版社2017年版。

孟万金:《积极心理健康教育走向世界》,教育科学出版社2017年版。

谭光鼎、王丽云主编:《教育社会学:人物与思想》,华东师范大学出版社 2009 年版。

吴康宁:《教育社会学》,人民教育出版社 2019 年版。

徐显明主编:《法学译丛·少年司法的一个世纪》,商务印书馆 2008 年。

姚建龙:《超越刑事司法》,法律出版社 2009 年版。

张鸿巍:《儿童福利法论》,中国民主法制出版社 2012 年版。

张鸿巍:《少年司法通论》,人民出版社 2008 年版。

张文新、纪林芹等著:《中小学生的欺负问题与干预》,山东人民出版社 2006 年版。

朱小蔓:《情感教育论纲》,人民出版社 2007 年版。

二、期刊论文类

陈光辉、张文新:《群体互动中的个体适应性:欺凌情境中的多重参与角色》,《社区心理学研究》2018 年第 1 期。

陈世平:《我国中小学师生对欺负行为的认识和评价》,《社会心理研究》2000 年第 2 期。

冯帮、李璇:《我国近十年校园欺凌问题研究述评》,《上海教育科研》2017 年第 4 期。

谷传华、张文新:《小学儿童欺负与人格倾向的关系》,《心理学报》2003 年第 1 期。

官群、孟万金:《中国中小学生积极心理品质量表编制报告》,《中国特殊教育》2009 年第 4 期。

纪林芹、潘斌、王春燕:《青少年早期同伴拒绝、同伴侵害与抑郁的关系:交叉滞后分析》,《心理科学》2018 年第 3 期。

刘春雪:《同辈群体对青少年道德社会化影响的心理机制研究》,《湖北社会科学》2008 年第 9 期。

孟万金、官群:《积极心理健康教育的任务与功能》,《中小学心理健康教育》2016 年第 24 期。

孟万金、官群:《积极心理健康教育的原则与特点》,《中小学心理健康教育》2017 年第 5 期。

孟万金、张冲:《中国中学生积极心理品质测评量表修订报告》,《中国特殊教育》2016 年第 2 期。

乔毅娟、星一、季成叶:《中国 18 省市城市中学生欺侮行为流行现状分析》,《中华流行病学杂志》2009 年第 5 期。

苏志强、张大均:《8～12 岁儿童心理素质与抑郁的关系:应对方式的中介作用》,《中国特殊教育》2015 年第 2 期。

陶建国、王冰:《挪威中小学校园欺凌预防项目研究》,《比较教育研究》2016 年第 11 期。

王东海:《我国校园欺凌的情境预防》,《青少年犯罪问题》2018 年第 2 期。

王美芳、张文新:《中小学中欺负者、受欺负者和欺负——受欺负者的同伴关系研究》,《心理发展与教育》2002 年第 2 期。

熊吕茂、杨铮铮:《论王夫之的文化思想》,《郑州轻工业学院学报》(社会科学版)2005 年第 5 期。

杨婕、马焕灵:《挪威校园欺凌防范机制研究——以奥维斯欺凌防范项目为例》,《现代教育管理》2017 年第 12 期。

姚建龙:《防治学生欺凌的中国路径:对近期治理校园欺凌政策之评析》,《中国青年政治学院学报》2017 年第 1 期。

姚建龙:《校园暴力:一个概念的界定》,《中国青年政治学院学报》2008 年第 4 期。

伊特、徐红:《一般压力理论和青少年犯罪:大众解释模型应用于美国印第安青年研究》,《青年学报》2017 年第 1 期。

袁翠清:《我国未成年人校园欺凌现状及对策研究》,《西安石油大学学报》(社会科学版)2017 年第 4 期。

苑春永、邵爱惠、梁丽婵:《青少年儿童不爱社交、同伴排斥和同伴侵害的交叉滞后分析》,《心理发展与教育》2014 年第 1 期。

张萌:《挪威奥维斯校园欺凌预防计划对我国的启示》,《现代中小学教育》2017 年第 4 期。

张文新:《学校欺负及其社会生态分析》,《华南师范大学学报》(社会科学版)2004 年第 5 期。

张文新:《学校中的欺负问题——我们所知道的一些基本事实》,《山东师范大学学报》(人文社会科学版)2001 年第 3 期。

张文新:《中小学生欺负/受欺负的普遍性与基本特点》,《心理学报》2002 年第 4 期。

赵炎:《道的居持与充实:船山对正心、诚意关系的一个解读》,《中国哲学史》2011 年第 4 期。

周兵:《王夫之对朱熹“诚意”“正心”思想的修正与发展》,《船山学刊》2015 年第 6 期。

朱琳、齐华栋、梅芸芸:《社会生态系统视角下预防校园欺凌的介入策略研究》,《现代中小学教育》2017 年第 7 期。

三、外文类

A. H. Eagly, et al., *The Psychology of Attitudes*, TX: Harcourt Brace Jovanovich College Publishers, 1993.

A. Przeworski, et al., *The Logic of Comparative Social Inquiry*, UK: Cambridge University Press, 1970.

C. P. Monks, et al., *Bullying in Infant Classes: Roles Taken, Stability and Relationship to Sociometric Status*, Detroit: Merrill Palmer, 2003.

C. Ross, et al., *Can I Stay in Today, Miss? Improving the School Playground*, Melbourne: Trentham Books, 1990.

D. A. Wilder, *Cognitive Factors Affecting the Success of Inter-group Contact*, Chicago: Nelson-Hall, 1986.

D. C. Stearns, *Anger and Aggression: Encyclopedia of Children and Childhood: In History and Society*, London:

Macmillan Reference Books, 2003.

D. L. Espelage, et al., *Bullying in American Schools: A Social-ecological Perspective on Prevention and Intervention*, NJ: Lawrence Erlbaum Associates, 2004.

D. Olweus, *Aggression in the Schools: Bullies and Whipping Boys*, Washington, DC: Hemisphere Press, 1993.

D. Olweus, *Bullying at School*, MA: Blackwell,1993.

D. Olweus, *Bullying at School: What We Know and What We Can Do*, Oxford: Blackwell,1993.

D. Olweus, et al., *Olweus Bullying Prevention Program Teacher Guide*, MN:Hazelden,2007.

D. Olweus, *The Nature of School Bullying: A Cross-national Perspective*, NY: Routledge,1999.

D. Olweus, et al., *The Handbook of School Bullying: An International Perspective*, NY: Routledge, 2010.

D. Olweus,et al.,*The Olweus Bullying Prevention Program: Implementation and Evaluation over Two Decades*. MN:Hazelden, 2010.

D. Pepler, et al., *Peer Processes in Bullying: Informing Prevention and Intervention Strategies*, NY: Routledge, 2010.

D. Pepler, et al., *Peer Processes in Bullying: Informing Prevention and Intervention Strategies*, NY:Routledge, 2010.

D. Schwartz, et al., *The Aggressive Victim of Bullying: Emotional and Behavioral Dis-regulation as a Pathway to Victimization by Peers*, MA: Guilford Press, 2001.

E. Roland, *A System Oriented Strategy against Bullying*, London: David Fulton Publishers, 1989.

E. Roland, *Bullying: A Developing Tradition of Research and Management*, Oxford: Heinemann, 1993.

F. Carpra, *The Web of Life*, Dublin: Schrodinger, 1997.

G. W. Allport, *Attitudes*, MA: Clark University Press, 1935.

H. Blumer, *Symbolic Interactionism: Perspective and Method*, NJ: Prentice Hall, 1969.

I. E. Seidman, *Interviewing as Qualitative Research, A Guide for Researchers in Education and the Social Sciences*, NY: Teachers College Press, 2006.

J. Cohen, *Creating a Positive School Climate: A Foundation for Resilience*, Frankfurt: Springer, 2013.

J. Coie, *Towards a Theory of Peer Rejection*, NY: Cambridge, 1990.

J. Devine, et al., *Making Your School Safe: Strategies to Protect Children*, NY: Teachers College Press, 2007.

J. G. Kosciw, et al., *The 2005 National School Climate Survey: The Experiences of Lesbian, Gay, Bisexual and*

Transgender Youth in Our Nation's Schools, NY: Gilsen, 2006.

J. Heron, *The Philosophical Basis for a New Paradigm*, NY: Wiley, 1981.

J. A. Linney, *Assessing Ecological Constructs and Community Context: Handbook of Community Psychology*, NY: Kluwer Academic Plenum Publishers, 2000.

K. Lewin, *Field Theory in Social Science: Selected Theoretical Papers*, NY: Harper, 1951.

K. Rigby, *Bullying in Schools and What to Do about It*, Melbourne: Australian Council for Educational Research, 1996.

K. Rigby, *New Perspectives on Bullying*. London: Jessica Kingsley, 2002.

Karl Deutsch, *Achievements and Challenges in 2000 Years of Comparative Research*, *Comparative Policy Research: Learning from experience*, Frankfurt: Gower, 1987.

L. Krappmann, *The Reproduction of the System of Social Inequality in the World of Children*, Frankfurt: Suhrkamp, 1999.

M. Sherif, et al., *Intergroup Cooperation and Competition: The Robbers Cave Experiment*, Norman: Wesleyan University Press, 1988.

M. Snyder, et al., *Personality and Social Behavior*, NY: Random House, 1985.

P. K. Smith, et al., *Cyberbullying: The Nature and Extent of a New Kind of Bullying in and out of School*, NY: Routledge,2010.

P. K. Smith, et al., *School Bullying: Insights and Perspectives*, London: Routledge, 1994.

P. P. Heinemann, *Bullying: Group Violence among Children and Adults*, Stockholm: Natur och Kultur, 1973.

R. B. Cairns, et al., *Social Cognition and Social Networks: A Developmental Perspective*, NJ: Lawrence Erlbaum Associates, 1991.

R. H. Moos, *Social-ecological Perspectives on Health*, CA: Jossey-Bass, 1980.

R. D. Parke, et al., *The Development of Aggression*, NY: Wiley,1983.

S. P. Limber, *Implementation of the Olweus Bullying Prevention Programin American Schools: Lessons Learned from the Field*. NJ: Lawrence Erlbaum Associates, 2011.

W. H. Foddy, *Constructing Questions for Interviews and Questionnaires: Theory and Practice in Social Research*, UK: Cambridge University Press,1994.

W. J. McGuire, *Attitudes and Attitude Change*, NY: Random House, 1985.

A. A. Volk, et al., "What is Bullying? A Theoretical Redefinition", *Developmental Review*, 34 (4), 2014, pp. 113-114.

A. Bandura, "Self-efficacy: Toward a Unifying Theory of Behavioral Change", *Psychological Review*, 84(2), 1977, pp. 191-215.

A. Bandura, "Social Learning Theory of Aggression", *Journal of Communication*, 28(3), 1978, pp.12-19.

A. Charach, et al., "Bullying at School: A Canadian Perspective", *Education Canada*, 35, 1995, pp.12-18.

A. Cillessen, "Developmental Trajectories of Adolescent Popularity: A Growth Curve Modeling Analysis", *Journal of Adolescence*, 29(6), 2006, pp.935-959.

A. D. Pellegrini, "Affiliative and Aggressive Dimensions of Dominance and Possible Functions during Early Adolescence", *Aggression & Violent Behavior*, 7(1), 2002, pp. 21-31.

A. D. Pellegrini, et al., "Longitudinal Study of Bullying, Victimization, and Peer Affiliation during the Transition from Primary to Middleschool", *American Educational Research Journal*, 20(2), 2011, pp.151-163.

A. Gregory, et al., "'Tolerating' Adolescent Needs: Moving beyond Zero Tolerance Policies in High School", *Theory into*

Practice, 48(2), 2009, pp.106-113.

A. Kärnä, et al., “Vulnerable Children in Varying Classroom Contexts: Bystanders' Behaviors Moderate the Effects of Risk Factors on Victimization”, *Merrill-Palmer Quarterly*, 56(3), 2010, pp. 261-282.

A. Pikas, “Pure Concept of Mobbing Gives the Best Results for Treatment”, *School Psychology International*, 29 (10),1989, pp.95-10.

A. Pikas, “New Developments of Shared Concern Method”,*School Psychology International*, 23(3), 2002, pp. 307-326.

A. Yang, et al., “Different Forms of Bullying and Victimization: Bully-victims Versus Bullies and Victims”, *European Journal of Developmental Psychology*, 10(6), 2013, pp.723-738.

B. B. Brown, et al., “Peer-group Affiliation and Adolescent Self-esteem: An Integration of Ego-identity and Symbolic Interaction Theories”, *Journal of Personality and Social Psychology*, 52(1), 1987, pp.47-55.

B. Doll, et al., “The Relationship between Children's Self-Reported Recess Problems, Peer Acceptance and Friendships”, *Journal of School Psychology*, 41(2), 2003, pp.113-130.

B. Morrison, "Bullying and Victimisation in Schools: A Restorative Justice Approach", *Australian Institute of Criminology*, 219,2002,pp.1-6.

B. R. Flay, et al., "Standards of Evidence: Criteria for Efficacy, Effectiveness and Dissemination", *Prevention Science*,6(3),2005, pp.151-175.

B. Robert, et al., "A Focus Theory of Normative Conduct: Recycling the Concept of Norms to Reduce Littering in Public Places", *Personality and Social Psychology*, 58 (6), 1990, pp.1015-1026.

C. G. Lord, et al., "Attitude Prototypes as Determinants of Attitude-behavior Consistency", *Journal of Personality and Social Psychology*, 46(6), 1984, pp.1254-1266.

C. Goodenow, "Classroom Belonging among Early Adolescent Students: Relationships to Motivation and Achievement", *Journal of Early Adolescence*, 13(1), 1993, pp.21-43.

C. O. Eckerman, et al., "Lessons Drawn from Observing Young Peers Together", *Actual Paediatrics Scandinavian Supplement*, 344(77), 2010,pp. 55-70.

C. P. Monks,"Definitions of Bullying: Age Differences in Understanding of the Term, and the Role of Experience", *British Journal of Developmental Psychology*, 24(4), 2006, pp.801-821.

C. P. Monks, et al., "The Psychological Correlates of Peer Victimisation in Preschool: Social Cognitive Skills, Executive Function and Attachment Profiles", *Aggressive Behavior*, 31(6), 2005, pp.571-588.

C. Rose, "Bullying and Middle School Students with and without Specific Learning Disabilities: An Examination of Social-ecological Predictors", *Journal of Learning Disabilities*, 20(10), 2013, pp. 1-16.

C. Rose, et al., "Bullying and Middle School Students with and without Specific Learning Disabilities: An Examination of Social-ecological Predictors", *Journal of Learning Disabilities*, 20(10), 2013, pp.1-16.

C. Salmivalli, "Participant Roles in Bullying: How Can Bystanders Be Utilized in Interventions", *Theory into Practice*, 53(4), 2014, pp. 286-292.

C. Salmivalli, "Bullying and the Peer Group: A Review", *Aggression & Violent Behavior*, 15(2), 2010, pp.112-120.

C. Salmivalli, "Connections between Attitudes, Group Norms, and Behaviour in Bullying Situations", *International Journal of Behavioral Development*, 28(3), 2004, pp.246-258.

C. Salmivalli, et al., "Prospective Relations among Victimization,

Rejection, Friendlessness, and Children's Self-and Peer-Perceptions", *Child Development*, 76(1), 2005, pp.1161-1171.

C. Salmivalli, "Anti-bullying Intervention: Implementation and Outcome", *The British Journal of Educational Psychology*, 75(1), 2005, pp.465-487.

C. Salmivalli, et al., "Bullying as a Group Process: Participant Roles and Their Relations to Social Status within The Group", *Aggressive Behavior*, 22(16), 2010, pp.1-15.

D. Albarracín, et al., "Theories of Reasoned Action and Planned Behavior as Models of Condom Use: A Meta-analysis", *Psychological Bulletin*, 127(1), 2001, pp.142-161.

D. Estell, et al., "Students with Exceptionalities and the Peer Group Context of Bullying and Victimization in Late Elementary School", *Journal of Child and Family Studies*, 18(1), 2009, pp.136-150.

D. J.Pepler, "An Evaluation of an Anti-bullying Intervention in Toronto Schools", *Canadian Journal of Community Mental Health*, 13(2), 1994, pp. 95-110.

D. J. Safer, "The Stress of Secondary School for Vulnerable Students", *Journal of Youth & Adolescence*, 15 (5), 1986, pp. 405-417.

D. L. Dubois, et al., "A Prospective Study of Life Stress,

Social Support, and Adaptation in Early Adolescence", Child Development, 63(3), 2010, pp.542-557.

D. L. Haynie, et al., "Bullies, Victims, and Bully/Victims: Distinct Groups of At-risk Youth", *The Journal of Early Adolescence*, 21(1), 2001, pp. 29-49.

D. M. Ross, "Childhood Bullying and Teasing: What School Personnel, Other Professionals, and Parents Can Do", *Journal of Developmental & Behavioral Pediatrics*, 18(5), 1997, pp. 350-351.

D. Newman-Carlson, "Bully Busters: A Psycho Educational Intervention for Reducing Bullying Behavior in Middle School Students", *Journal of Counseling & Development*, 82(3), 2011, pp. 259-267.

D. Nikolaou, "Do Anti-bullying Policies Deter In-school Bullying Victimization?" *International Review of Law & Economics*, 50, 2017, pp.1-6.

D. Olenik-shemesh, "Bystanders' Behavior in Cyberbullying Episodes: Active and Passive Patterns in the Context of Personal-socio-emotional Factors", *Interpersonal Violence*, 32(1), 2017, pp.23-48.

D. Olweus, "Bullying at School and Later Criminality: Findings from Three Swedish Community Samples of Males",

Criminal Behaviour and Mental Health, 21(2), 2011, pp. 151-156.

D. Olweus, "Bullying at School: Prevalence Estimation, a Useful Evaluation Design, and a New National Initiative in Norway", *Association for Child Psychology and Psychiatry Occasional Paper*, 23, 2004, pp.5-17.

D. Olweus, "Stability of Aggressive Reaction Patterns in Males: A Review", *Psychological Bulletin*, 86(4),1979, pp. 852-875.

D. Robertson, "Interpersonal Competence Configurations and Peer Relations in Early Elementary Classrooms: Popular and Unpopular Aggressive SubTypes", *International Journal of Behavioral Development*, 34(1), 2010, pp.73-87.

D. S. Wallace, et al., "Which Behaviors Do Attitudes Predict? Meta-Analyzing the Effects of Social Pressure and Perceived Difficulty", *Review of General Psychology*, 9(3), 2005, pp.214-227.

D. S. Wong, "Culturally Specific Causes of Delinquency: Implications for Juvenile Justice in Hong Kong", *Asia Pacific Journal of Social Work & Development*, 9(1), 1999, pp. 98-113.

D. S. Wong, "School Bullying and Tackling Strategies in

Hong Kong”, *International Journal of Offender Therapy & Comparative Criminology*, 48(5), 2004, pp.537-553.

D. Schwartz, “The Emergence of Chronic Peer Victimization in Boys' Play Groups”, *Child Development*, 64(6), 1993, pp. 1755-1772.

D. Stokols, “Establishing and Maintaining Healthy Environments: Toward a Social Ecology of Health Promotion”, *American Psychologist*, 47(1), 1992, pp.6-22.

D. T. Campbell, et al., “Experimental and Quasi-experimental Designs for Research”, *Rand McNally*, 107, 1963, pp.140-158.

D. Whitney, et al., “Bullying in Schools: Mainstream and Special Needs”, *Support for Learning*, 7(1), 2010, pp.3-7.

E. Calvete, et al., “Cyberbullying in Adolescents: Modalities and Aggressors' Profile”, *Computers in Human Behavior*, 26(5), 2010, pp.1128-1135.

E. de Bruyn, et al., “Associations of Peer Acceptance and Perceived Popularity with Bullying and Victimization in Early Adolescence”, *The Journal of Early Adolescence*, 30(4), 2009, pp.543-566.

E. Heidbreder, “Special Review: Lewin's Principles of Topological Psychology”, *Psychological Bulletin*, 34(8), 1937, pp. 584-604.

E. J. Trickett, "Ecology and Primary Prevention: Reflections on a Meta-analysis", *American Journal of Community Psychology*, 25(2), 1997, pp.197-205.

E. V. Hodges, et al., "Individual Risk and Social Risk as Interacting Determinants of Victimization in the Peer Group", *Developmental Psychology*, 33(6), 1997, pp.1032-1039.

F. J. Zimmerman, "Early Cognitive Stimulation, Emotional Support, and Television Watching as Predictors of Subsequent Bullying among Grade-school Children", *Archives of Pediatrics and Adolescent Medicine*, 159(1), 2005, pp.384-388.

F. L. Burk, "Teasing and Bullying", *The Pedagogical Seminary*, 4(3), 1897, pp.336-371.

G. E. Barboza, et al., "Individual Characteristics and the Multiple Contexts of Adolescent Bullying: An Ecological Perspective", *Journal Youth Adolescence*, 38(1), 2009, pp. 101-121.

G. Gini, et al., "Association between Bullying and Psychosomatic Problems: A Meta-analysis", *Pediatrics*, 123 (3), 2009, pp.1059-1065.

G. M. Batsche, et al., "Bullies and Their Victims: Understanding a Pervasive Problem in the Schools", *School Psychology Review*, 23(3), 1994, pp.165-174.

G. P. Kuperminc, et al., "School Social Climate and Individual Differences in Vulnerability to Psychopathology among Middle School Students", *Journal of School Psychology*, 39(2), 2001, pp. 141-159.

H. Fisiloglu, "Book Review: *Bully Busters: A Teacher's Manual for Helping Bullies, Victims, and Bystanders*", *International Journal for the Advancement of Counselling*, 24(4), 2002, p.297.

I. Ajzen, "Martin Fishbein's Legacy: The Reasoned Action Approach", *Annals of the American Academy of Political & Social Science*, 640(1), 2012, pp.11-27.

I. Ajzen, "The Theory of Planned Behavior, Organizational Behavior and Human Decision Processes", 50 (2), 1991, pp. 179-211.

I. Ajzen, et al., "Attitude-behavior Relations: A Theoretical Analysis and Review of Empirical Research", *Psychological Bulletin*, 84(5), 1977, pp.888-918.

I. Ajzen, et al., "Prediction of Goal-directed Behavior: Attitudes, Intentions, and Perceived Behavioral Control", *Journal of Experimental Social Psychology*, 22(5), 1986, pp.453-474.

I. Ajzen, et al., "Self-monitoring and the Attitude-behavior

Relation", *Journal of Personality & Social Psychology*, 42(3), 1982, pp.426-435.

I. Whitney, "Bullying in Schools: Mainstream and Special Needs", *Support for Learning*, 7(1), 1992, pp.3-7.

I. Whitney, et al., "A Survey of the Nature and Extent of Bullying in Junior/Middle and Secondary Schools", *Educational Research*, 35(1), 1991, pp.3-25.

J. A. Durlak, "The Impact of Enhancing Students' Social and Emotional Learning: A Meta-analysis of School-based Universal Interventions", *Child Development*, 82(1), 2011, pp.405-432.

J. A. Durlak, et al., "Primary Prevention Mental Health Programs for Children and Adolescents: A Meta-analytic Review", *American Journal of Community Psychology*, 25(2), 1997, pp.115-152.

J. A. Durlak, et al., "The Impact of Enhancing Students' Social and Emotional Learning: A Meta-analysis of School-based Universal Interventions", *Child Development*, 82(1), 2011, pp.405-432.

J. D. Coie, et al., "The Role of Social Context in the Prevention of Conduct Disorder", *Development & Psychopathology*, 5(1-2), 1993, pp. 263-275.

J. D. Hawkins, et al., "Risk and Protective Factors for Alcohol and Other Drug Problems in Adolescence and Early Adulthood: Implications for Substance Abuse Prevention", *Psychological Bulletin*, 112(1), 1992, pp.64-105.

J. D. Unnever, "Bullies, Aggressive Victims, and Victims: Are They Distinct Groups?", *Aggressive Behavior*, 31(2), 2005, pp. 153-171.

J. G. Miller, "Cultural Influences on the Development of Conceptual Differentiation in Person Description", *British Journal of Developmental Psychology*, 5 (4), 2011, pp. 309-319.

J. Garbarino, "An Ecological Perspective on the Effects of Violence on Children", *Journal of Community Psychology*, 29(3), 2001, pp.361-378.

J. H. Hoover, "Bullying: Perceptions of Adolescent Victims in the Midwestern U. S. A.", *School Psychology International*, 13(1), 1992, pp. 5-16.

J. H. Kennedy, "Determinants of Peer Social Status: Contributions of Physical Appearance, Reputation, and Behavior", *Journal of Youth and Adolescence*, 19(3), 1990, pp.233-244.

J. Klein, et al., "Relationships between bullying School

Climate and Student Risk Behaviors", *School Psychology Quarterly*, 27(3), 2012, pp. 54-169.

J. R. Harris, "Where Is the Child's Environment? A Group Socialization Theory of Development", *Psychology Review*,102(3),1995,pp. 41-50.

J. S. Eccles,et al.,"Negative Effects of Traditional Middle Schools on Students' Motivation", *The Elementary School Journal*, 93(5),1993, pp.553-574.

J. Smith, "The Effectiveness of Whole-school Anti-bullying Programs: A Synthesis of Evaluation Research", *School Psychology Review*, 33(4), 2004, pp. 547-560.

K. Björkqvist,"Bullies and Victims: Their Ego Picture, Idealego Picture and Normative Ego Picture", *Scandinavian Journal of Psychology*, 23(1), 1982, pp. 307-313.

K. Bosworth,"Factors Associated with Bullying Behavior in Middle School Students", *Journal of Early Adolescence*, 19 (3),1999, pp. 341-362.

K. Bosworth,"Factors Associated with Bullying Behavior in Middle School Students",*Journal of Early Adolescence*, 19 (3),1999, pp. 341-362.

K. Kumpulainen, et al., "Bullying and Psychiatric Symptoms among Elementary School-age Children", *Child Abuse and*

Neglect, 22(7), 1998, pp.705-717.

K. L. Bierman, et al., “Characteristics of Aggressive-rejected, Aggressive (Nonrejected), and Rejected (Non-aggressive) Boys”, *Child Development*, 64(1), 2010, pp. 139-151.

K. R. Mcleroy, et al., “An Ecological Perspective on Health Promotion Programs”, *Health Education & Behavior*, 15(4), 1988, pp.351-377.

K. R. Williams, et al., “Prevalence and Predictors of Internet Bullying”, *Journal of Adolescent Health*, 41(6), 2007, pp.14-21.

K. R. Williams, et al., “Prevalence and Predictors of Internet Bullying”, *Journal of Adolescent Health Official Publication of the Society for Adolescent Medicine*, 41(6), 2007, pp.14-21.

K. Rigby, “The Method of Shared Concern as an Intervention Technique to Address Bullying in Schools: An Overview and Appraisal”, *Australian Journal of Guidance & Counselling*, 15(1), 2005, pp.27-34.

K. Rigby, et al., “Why Do Some Children Bully at School?”, *School Psychology International*, 26(2), 2005, pp. 147-161.

K. Rigby, et al., "Expressed Readiness of Australian Schoolchildren to Act as bystanders in Support of Children Who Are Being Bullied", *Educational Psychology*, 26(3), 2006, pp.425-440.

K. S. Frey, et al., "Observed Reductions in School Bullying, Nonbullying Aggression, and Destructive Bystander Behavior: A Longitudinal Evaluation", *Journal of Educational Psychology*, 101(2), 2009, pp.466-481.

K. S. Whitted, et al., "Best Practices for Preventing or Reducing Bullying in Schools", *Children & Schools*, 27(3), 2005, pp.167-175.

L. Mclare, "Ecological Perspectives in Health Research", *Journal of Epidemiology & Community Health*, 59(1), 2005, pp. 6-14.

M. Billig, et al., "Social Categorization and Similarity in Intergroup Behavior", *European Journal of Social Psychology*, 3(1), 2010, pp.27-53.

M. E. Solberg, "Bullies and Victims at School: Are They the Same Pupils?", *British Journal of Educational Psychology*, 77(2), 2007, pp. 441-464.

M. Eliot, et al., "Supportive School Climate and Student Willingness to Seek Help for Bullying and Threats of

Violence”, *Journal of School Psychology*, 48(1), 2010, pp. 533-553.

M. Eslea, et al., “The Long-term Effectiveness of Anti-bullying Work in Primary Schools”, *Educational Research*, 40 (2), 1998, pp.203-218.

M. Fox, et al., “Developing the Educational Psychologist's Work in the Secondary School: A Process Model for Change”, *Educational Psychology in Practice*, 6(3), 1990, pp.163-169.

M. J. Boulton, et al., “Associations between Secondary School Pupils' Definitions of Bullying, Attitudes towards Bullying, and Tendencies to Engage in Bullying: Age and Sex Differences”, *Educational Studies*, 28(4), 2002, pp.353-370.

M. J. Boulton, et al., “Short-term Longitudinal Relationships between Children's Peer Victimization/Bullying Experiences and Self-perceptions”, *Evidence for Reciprocity*, 31(3), 2010, pp. 296-311.

M. J. Boulton, et al., “The Effects of a Short Film Intervention on Secondary School Pupils' Involvement in Definitions of Attitudes towards Bullying”, *School Psychology International*, 17(4), 1996, pp.331-345.

M. J. Boulton, “Bully/Victim Problems among Middle School Children”, *British Journal of Educational Psychology*, 62(1),

2011, pp.73-87.

M. J. Harris, et al., "Self-fulfilling Effects of Stigmatizing Information on Children's Social Interactions", *Journal of Personality and Social Psychology*, 63(1),1992,pp. 41-50.

M. M. Ttofi, et al., "Risk and Protective Factors, Longitudinal Research, and Bullying Prevention", *New Directions for Youth Development*, 133(1), 2012, pp. 85-98.

M. Natasha, et al., "Self-efficacy in a New Training Model for the Prevention of Bullying in Schools", *Journal of Emotional Abuse*, 2(2-3), 2001, pp.181-191.

M. Schäfer, "A Comparison of Two Approaches to the Study of Negative Peer Treatment: General Victimization and Bully/Victim Problems among German School Children", *British Journal of Developmental Psychology*, 20(2), 2002, pp. 281-306.

M. E. Solberg, "Prevalence Estimation of School Bullying with Olweus Bully/Victim Questionnaire", *Aggressive Behavior*, 29(3), 2010, pp. 239-268.

N. R. Crick, "The Role of Overt Aggression, Relational Aggression, and Prosocial Behavior in the Prediction of Children's Future Social Adjustment", *Child Development*, 8(1), 1996, pp.367-380.

N. S. Bauer, "The Effectiveness of the Olweus Bullying Prevention Program in Public Middle Schools: A Controlled Trial", *Journal of Adolescent Health Official Publication of the Society for Adolescent Medicine*, 40 (3), 2007, pp. 266-274.

N. T. Feather, "Subjective Probability and Decision under Uncertainty", *Psychological Review*, 66 (3), 1959, pp. 150-164.

N. W. Ackerman, "The Adolescent Society", *Journal of the American Academy of Child Psychiatry*, 3(3), 1964, pp. 564-565.

P. A. Adler, "Socialization to Gender Roles: Popularity among Elementary School Boys and Girls", *Sociology of Education*, 65(3), 1992, pp. 169-187.

P. C. Rodkin, "Who Bullies Whom? Social Status Asymmetries by Victim Gender", *International Journal of Behavioral Development*, 32(6), 2008, pp. 473-485.

P. K. Smith, "What Causes the Age Decline in Reports of Being Bullied at School? Towards a Developmental Analysis of Risks of Being Bullied", *Educational Research*, 41(1), 1999, pp.267-285.

P. O'Connell, "Peer Involvement in Bullying: Insights and

Challenges for Intervention", *Journal of Adolescence*, 22(4), 1999, pp. 437-452.

P. T. Slee, "The Relationship of Eysenck's Personality Factors and Self-esteem to Bully/Victim Behaviour in Australian Schoolboys", *Personality and Individual Differences*, 14 (2), 1993, pp.371-373.

P.V. Stevens, et al., "Bullying in Flemish Schools: An Evaluation of Anti-bullying Intervention in Primary and Secondary Schools", *British Journal of Educational Psychology*, 70 (2), 2011, pp. 195-210.

R. A. Astor, et al., "School Violence and Theoretically A-typical Schools: The Principal's Centrality in Orchestrating Safe Schools", *American Educational Research Journal*, 46 (2), 2009, pp.423-461.

R. A. Laslett, "Childrens's Court for Bullies", *Special Education: Forward Trends*, 9 (1), 1982, pp.9-11.

R. Agnew, "Foundation for a General Strain Theory of Crime and Delinquency", *Criminology*, 30 (1), 1992, pp. 47-88.

R. Cairns, et al., "Friendships and Social Networks in Childhood and Adolescence: Fluidity, Reliability, and Interrelations", *Child Development*, 66 (5), 1995, pp.

1330-1345.

R. Grieve, et al., "Cyberfaking: Intentions to Fake in Online Psychological Testing", *Cyberpsychology Behavior & Socialnetworking*, 16(5), 2013, pp. 364-369.

R. Kowalski, et al., "Electronic Bullying among Middle School Students", *Journal of Adolescent Health*, 41(6), 2007, pp. 22-30.

R. Rech, et al., "Prevalence and Characteristics of Victims and Perpetrators of Bullying", *Journal De Pediatria*, 89(2), 2013, pp.164-170.

R. S. Atlas, "Observations of Bullying in the Classroom", *Journal of Educational Research*, 92(2), 1998, pp.86-99.

R. S. Newman, et al., "Confrontation with Aggressive Peers at School: Students' Reluctance to Seek Help from the Teacher", *Journal of Educational Psychology*, 93(2), 2001, pp.398-410.

R. Slonje, "Cyberbullying: Another Main Type of Bullying", *Scandinavian Journal of Psychology*, 49(2), 2008, pp.147-154.

R. Veenstra, et al., "The Role of Teachers in Bullying: The Relation between Anti-bullying Attitudes, Efficacy, and Efforts to Reduce Bullying", *Journal of Educational*

Psychology, 106(4), 2014, pp.1135-1143.

S. A. Black, et al., "Using Bullying Incident Density to Evaluate the Olweus Bullying Prevention Programme", *School Psychology International*, 28(5),2007, pp.623-638.

S. Attar-Schwartz, "Peer Sexual Harassment Victimization at School: The Roles of Student Characteristics, Cultural Affiliation, and School Factors", *American Journal Orthopsychiatry*, 79, 2009,pp.407-420.

S. C. Purkey, et al., "Effective Schools: A Review", *Elementary School Journal*, 83(4),1983, pp.427-452.

S. DeRue, "A Quasi Experimental Study of After-event Reviews", *Journal of Applied Psychology*,97 (5), 2012,pp. 997-1015.

S. Graham, "Peer Victimization, Aggression, and Their Co-Occurrence in Middle School: Pathways to Adjustment Problems", *Journal of Abnormal Child Psychology*, 34 (3), 2006, pp. 349-364.

S. H. Rhee, et al., "Genetic and Environmental Influences on Antisocial Behaviour: A Meta-analysis of Twin and Adoption Studies", *Psycho-logical Bulletin*, 128(3), 2002, pp.490-529.

S. Kasen, et al., "Adolesent School Experiences and Dropout, Adolescent Pregnancy and Young Adult Deviant

Behavior", *Journal of Adolescent Research*, 13(1), 1998, pp.49-72.

S. Mechthild, et al., "Bullying Roles in Changing Contexts: The Stability of Victim and Bully Roles from Primary to Secondary School", *International Journal of Behavioral Development*, 29(4), 2005, pp. 323-335.

S. P. Limber, et al., "Implementation of the Olweus Bullying Prevention Program in the Southeastern United States", *Bulletin of The American Geographical Society*, 46(4), 2004, pp. 265-281.

S. Sharp, "Self-esteem, Response Style and Victimization: Possible Ways of Preventing Victimization through Parenting and School Based Training Programs", *School Psychology International*, 17(4), 1996, pp. 347-357.

T. E. Moffitt, "The New Look of Behavioral Genetics in Developmental Psychopathology: Gene-environment Interplay in Antisocial Behaviors", *Psychological Bulletin*, 131(4), 2005, pp.533-554.

T. Farmer, et al., "Social Preference, Social Prominence, and Group Membership in Late Elementary School: Homophilic Concentration and Peer Affiliation Configurations", *Social Psychology of Education*, 13(1), 2010, pp.271-293.

T. L. Sia, et al., "Activation of Exemplars in the Process of Assessing Social-category Attitudes", *Journal of Personality and Social Psychology*, 76(4), 1999, pp.517-532.

T. Pozzoli, et al., "Active Defending and Passive Bystanding Behavior in Bullying: The Role of Personal Characteristics and Perceived Peer Pressure", *Abnormal Child Psychology*, 38(6), 2010, pp. 815-827.

T. R. Nansel, et al., "Cross-national Consistency in the Relationship between Bullying Behaviors and Psychosocial Adjustment", *Archives of Pediatrics & Adolescent Medicine*, 158(8), 2004, pp.730-736.

U. Bronfenbrenner, "Toward an Experimental Ecology of Human Development", *American Psychologist*, 32(7), 1977, pp. 513-531.

V. Pöyhönen, et al., "Standing Up for the Victim, Siding with the Bully or Standing By? Bystander Responses in Bullying Situations", *Review of Social Development*, 21(4), 2012, pp. 722-741.

W. Corsaro, et al., "Children's Peer Cultures", *Annual Review of Sociology*, 16(1), 1990, pp.197-220.

W. Heirman, et al., "Predicting Adolescent Perpetration in Cyberbullying: An Application of the Theory of Planned

Behavior", *Psicothema*, 24(4), 2012, pp.614-620.

W. M. Craig, et al., "Observations of Bullying in the Playground and in the Classroom", *School Psychology International*, 21(1), 2000, pp.22-36.

W. P. Murphy, "Strategies for Addressing Bullying with the School-age Child Who Stutters", *Seminars in Speech and Language*, 23(3), 2002, pp.205-211.

Y. C. Sherer, "Anti-bullying Practices in American Schools: Perspectives of School Psychologists", *Psychology in the Schools*, 47(3), 2010, pp. 217-229.